Franz Rueb

Hexenflug und Teufelsritt

Hexen-Bilder aus vier Jahrhunderten

innaron verlag
Zürich

Habent fata sua libelli

Covergestaltung: nach einer Idee von Silvelie Hitzer
Ausführung / Cover: hitzer & partner gmbh, Geretsried
Lektorat: Georg Steinbichler, Geretsried
Satz und Repro: Media Gestaltung, Wuppertal
Herstellungsbetreuung: Tilo Neeff, Wuppertal
Druck & Bindung: Ebner, Ulm
ISBN 3-9520850-7-3

Inhalt

— Hexe —

Die Hexe als mythologische Figur war ein ständiges Thema der bildenden Kunst, der schönen Literatur, des Märchens, der Oper, des Schauspiels; die Künstler schienen dabei aber ausschließlich von der Mythologie geleitet worden zu sein. Die „Hexe“ und der „Hexer“ jedoch als realer Mensch, als verfolgter Mensch, gefoltert und verbrannt oder enthauptet, kam in Kunst und Dichtung nur höchst selten vor. In den der Mythologie zugewandten Kunstwerken gab es auch keine Männer, sie stellten ausnahmslos weibliche Hexen dar, was angesichts des Mythos' nicht verwundert. Hingegen waren unter den Menschen, die als Verbündete des Teufels, als Zauberinnen und Zauberer verfolgt wurden, rund ein Viertel männliche „Hexer"; dies gilt für ganz Europa.

Die uns überlieferten Darstellungen basieren also auf der Mythologie der Völker, auf der Sagen- und Märchenliteratur, auf dem Aberglauben. In der künstlerischen Darstellung waren diese Motive äußerst beliebt, weil die schier grenzenlosen Phantasien dankbare, spannende Sujets hervorbrachten. Außerdem aber war dieser Themenkreis eng mit der Erlebnis- und Glaubenswelt des Volkes verbunden.

Die Bilder von Hexen sind etwa so alt wie das Hexen-Thema, sie traten etwa in der Mitte des 15. Jahrhunderts vermehrt auf, und sie verschwanden aus der Kunst und der Buchgrafik erst Mitte des 19. Jahrhunderts. Die Darstellungen stammen von bedeutenden Künstlern wie Albrecht Dürer, Niklaus Manuel Deutsch, Hans Baldung Grien bis zu Francisco Goya, aber auch von unbekannten oder gar anonymen Illustratoren von Büchern und Flugblättern.

Bei der Betrachtung stellen sich immer wieder die gleichen Fragen: glaubten die Künstler an die Geschichten ihrer Darstellungen? Oder waren dies ausschließlich die Phantasie herausfordernde Sujets? Haben sie mit diesen Motiven vielleicht sozialpolitische Aussagen, Anklagen, Angriffe lanciert? Haben einige mit ihren formalrealistischen Darstellungen gar unbewußt, ungewollt die Hexenverfolgung unterstützt? Indem diese künstlerischen Phantasien, deren Ursprünge weit zurückgingen in die „heidnische“ Mythologie, aber auch auf die Schriften der christlichen Kirchenväter, und die nun wie lebendige Realitäten aufgenommen und verinnerlicht wurden? Haben die Künstler jene fatale Transformation der Mythen-, Märchen- und Sagenwelt in die soziale Wirklichkeit mitvollzogen, praktisch umgesetzt in schöne sichtbare Werke im Dienste der Verbreitung einer vernichtenden Ideologie? Natürlich ohne ihr Wollen und ohne eine Ahnung von den katastrophalen Folgen. Denn es waren diese Übersetzungen der Hexenmythen in reale Menschen als „Hexen“ und „Hexer“, welche die Kirchenideologie des Spätmittelalters mit grausigem Erfolg betrieben hatte, angeleitet vom Papst, vom hohen Klerus, von der kirchlichen Polizeistreitmacht, der Inquisition, welche zu der geschichtlichen Katastrophe der Jahrhunderte praktizierten Hexenjagd, Hexenfolter und Hexenverbrennung führte.

Und warum gibt es von bekannten, bedeutenden Künstlern keine Darstellungen der realen, alltäglichen Hexenverfolgung? So wie es auch keine Äusserungen der bedeutenden geistigen Köpfe der Zeit zum Hexenwahn gibt.

—

Die Anleitungsbücher zur Verfolgung der Hexen, zu ihrer Erkennung und ihrer Verurteilung listeten jahrhundertelang die Hexenmerkmale folgendermaßen auf: trübe, tiefliegende Augen; zusammengewachsene Augenbrauen; ein kleiner Schnurrbart an der unteren Nasenscheidewand; ein aufwärts gebogenes Kinn; eingefallene Augen. Die langlebige – alte, häßliche – Frau machte sich verdächtig als alte Hexe. Die Hexe hatte einen Buckel und üppigen Haarwuchs als Zeichen der Naturkraft; deshalb wurde sie im Gefängnis kahlgeschoren. Die Hexe trug meist zerzauste Haare, sie war hochgewachsen, mager, knochig, hatte rote Augen, einen zornigen Blick, einen breiten Mund, ein vorspringendes Kinn, einen kleinen Schweif auf dem Rücken. Diese Merkmale geisterten durch ganz Europa und waren volkstümlich verbreitet, ja sie gerieten bald zum Klischeebild der Hexe, bis hinein in die Volksmärchen. Es wundert nicht, daß Künstler diesen Vorstellungen Ausdruck verliehen.

Niklaus Manuel (genannt Deutsch) besuchte in Bern zusammen mit Ulrich Zwingli die Lateinschule. Manuel wurde in Bern Maler, Dichter, Ratsherr und Anhänger der Reformation. Es wäre denkbar, daß er einst eine als Hexe befragte, gefolterte und verurteilte alte Frau gesehen hat. Es ist aber auch möglich, daß er sich bei dieser Darstellung ausschließlich auf den Volksmund verlassen hat.

Niklaus Manuel Deutsch (um 1484 -- 1530): *Alte Hexe*

Im Auftrag des Erzherzogs von Tirol erstellte der Jurist Ulrich Molitor (auch: Molitoris) ein Gutachten über Zauberer- und Hexenprozeße, da die Inquisition blind gegen Hexen und Hexer aller Stände wütete. Adelige und angesehene Bürger hatten sich beim Erzherzog über den Inquisitor beklagt, der überall von Papstes direkten Gnaden über dem höchsten Kleriker stand und vor dem sich auch die Fürsten in acht nehmen mußten. Der schlaue Molitor faßte seine Gutachterarbeit in die Form eines Gesprächs, welches er als Gelehrter mit dem Erzherzog führte. Das erlaubte dem Autor, seine Meinungen über den kirchlich inspirierten Hexenwahn dem Fürsten in den Mund zu legen, um so von der Inquisition nicht belangt werden zu können. Von Gerüchten halte er nichts, ließ er den Fürsten sagen, und von Aussagen, welche auf der Folter erpreßt worden sind, noch weniger. Könnten die Hexen all das, was der „Hexenhammer" behauptet, so bräuchten die Fürsten keine Armeen mehr, sie müßten lediglich eine Hexe vorbeischicken, welche den Feind in die Flucht schlage. Aber obwohl Molitor klare Einsichten hatte und sich mit seinen Argumenten hinter seinem Fürsten versteckte, faßte er den Mut nicht, eindeutig gegen die Hexenjagd zu argumentieren. Er meinte: „Obschon also dergleichen böse Weiber in der Tat nichts ausrichten, so müssen sie nichtsdestoweniger deshalb, weil sie von Gott abgefallen und mit dem Teufel ein Bündnis eingegangen sind, wegen ketzerischer Bosheit mit dem Tode bestraft werden."

Das gelehrte, aber auch widersprüchliche Buch von Ulrich Molitor ist, wie Ende des 15. Jahrhunderts üblich, mit vielen anonymen Holzschnitt-Illustrationen angereichert. Typisch für die volkstümlichen Vorstellungen sind die zwei alten häßlichen Weiber. Über einem Feuer sind sie im Begriff, Unwetter zu machen. Das ist einer der häufigsten Anklagepunkte sowohl der Denunzianten wie der Prozeßführer.

Titelblatt zu Ulrich Molitor: De laniis et phitonicis mulieribus, *Von den Unholden und Hexen.*
Köln 1489

Hans Baldung Grien, der geniale Dürer-Schüler, hat zu Beginn des 16. Jahrhunderts, in der Zeit, als der berüchtigte „Hexenhammer“ der beiden Kölner Dominikaner und Theologieprofessoren Krämer (der sich den Autorennamen Institoris zulegte) und Sprenger ein Bestseller war, eine große Serie von Hexendarstellungen geschaffen. Dieses wohl bekannteste Blatt schuf er 1544, ein Jahr vor seinem Tod. In jüngeren Jahren hatte sein Interesse vor allem dem jungen Weib gegolten, der Erotik der schönen Körperlichkeit, dem Naturgeschöpf, der Verführerin. Im Alter zeigte er die alte böse Vettel gleichsam an der „Arbeit“: Eben hat sie einen Stallknecht „verhext“, sie beugt sich in den Stall hinein, schwingt triumphierend eine Fackel und zeigt – ein interessantes Detail – ihre entblößte Brust. Der Knecht liegt ausgestreckt auf dem Stallboden, in einer merkwürdigen Perspektive, entweder tot oder wenigstens ohne Bewußtsein, übrigens auf einer Heu- oder Mistgabel, auf der im Hexenglauben die Hexen zum Sabbat zu reiten pflegen.

Im Hintergrund ein kräftiges Pferd, welches scheinbar entsetzt zurückschaut. An der Wand hängt das Stadtwappen von Schwäbisch-Gmünd, zugleich das Familienwappen der Baldungs. Im Vordergrund die Initialen von Hans Baldung, ohne das „Grien“, auf das er im reifen Alter verzichtete.

Hans Baldung hat sich intensiv mit der dämonisch-okkulten Welt befaßt, mit dem volkstümlichen Aberglauben, er war aber auch besonders für alle erotisch-sexuellen Elemente empfänglich. Das ungesattelte Pferd übrigens galt zu der Zeit als Bildzeichen für den Geschlechtstrieb.

Ernstzunehmende Analysen von Picassos „Guernica“ haben nachgewiesen, daß Picasso sich vor der Schaffung seines gewaltigen Gemäldes mit diesem Werk Baldungs befaßt und sowohl das Pferd wie den toten (?) Stallknecht als Vorlagen benutzt hat für seinen Stier und den gefallenen Krieger.

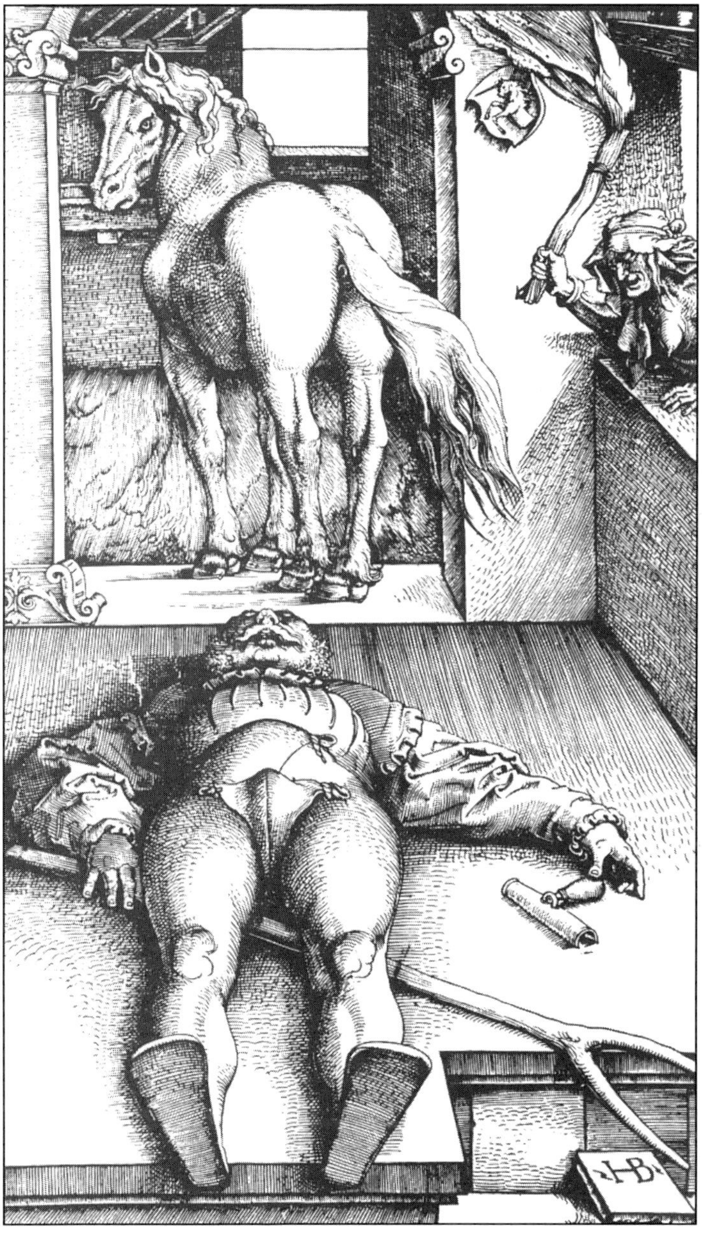

Hans Baldung Grien (1484 -- 1545): *Der verhexte Stallknecht.*
Holzschnitt, 1544

Tausendfach, zehntausendfach haben vor allem Frauen unter der Folter das Geständnis abgelegt, Wetter, Unwetter, Hagel, Sturm und dergleichen „gemacht“ zu haben.

Indem die gefolterten Menschen unter Gewalt diese Malefizien zugegeben haben, wurden diese Geständnisse zum Beweis, immer wieder und überall. Wettermachen war ein wichtiger Bestandteil ungezählter Hexenprozeße. Da das Wetter vor allem für die Bauern eine lebenswichtige Größe war, da sie das Wetter täglich beschäftigt hat und weil sie vom Wetter in ihrer Existenz abhängig, bedroht, überrascht und gelegentlich auch belohnt wurden, war es unter ihnen tägliches Gespräch. Für Unheil und Katastrophen, welche das Wetter immer wieder angerichtet hatte, wurden die Hexer und Hexen verantwortlich gemacht. Dieser bäuerliche Volksaberglaube war sowohl sehr verbreitet wie auch unerschütterlich. Die Hexen und Hexer waren die Sündenböcke für Not und Elend. Deshalb wurden Abertausende Nachbarinnen im Dorf als wettermachende Hexen denunziert. Diese wurden geholt, befragt, gefoltert, verurteilt zum Tod durch das Feuer oder das Schwert. Und da diese denunzierten Wettermacher ihre Taten zugaben, war der Beweis für die Richtigkeit der Anklage erbracht.

Zwei Hexen brauen Regen.
Anonymer Holzschnitt, 16. Jahrhundert

Albrecht Dürer schuf diesen Kupferstich „Einweihung in den Hexenbund“ 1491. Das Blatt wird oft auch einfach „Die vier Hexen“ genannt. Es wurde oft kopiert, flog in vielen verschiedenen Varianten und mit unterschiedlichen Titeln in Deutschland umher. Dieses Blatt hat allerdings einen höheren künstlerischen Anspruch als mancher grob illustrative Buchholzschnitt zur Hexenthematik. Auch wie der große Meister das Thema angeht, hebt sich von den meisten inhaltlich vergleichbaren Arbeiten seiner Zeitgenossen ab. Der Renaissancekünstler Dürer verzichtet auf die Naturromantik und Naturmystik. Er inszeniert den „Hexenbund“, eine geheime Besprechung, im geschlossenen Raum. Das dominierende künstlerische Anliegen scheint der weibliche Körper zu sein, darum wählt er für jede Frau eine andere Ansicht. Darüber hinaus ist sein Ziel offensichtlich die Allegorie. Vermutlich handelt es sich um eine Initiationsszene in einen weiblichen Geheimbund, vielleicht ist die Dame links mit dem gewaltigen Hut die Einzuweihende; es könnte aber auch die mit dem Kranz (Parallele zum Jungfernkranz) sein.

Die Darstellung hat mit plumper Hexenthematik wenig zu tun. Die vier nackten Frauen scheinen einen Reigen auf, ein Ritual durchzuführen. Sie sind verschiedenen Standes, das zeigen die vier unterschiedlichen Kopfbedeckungen: Haube mit Schleier, Kranz, zwei verschiedene Kopftücher. In der Mitte liegt ein Totenschädel. Von der Decke hängt eine Kugel mit rätselhafter Inschrift und der Jahreszahl 1491 oder 1497. Hinten links ist ein grinsender Dämon sichtbar. Es handelt sich also um verbotenes Tun bei der Versammlung der vier Grazien. Doch ist es nicht die simpel gemeinte Vorbereitung auf den Hexenflug. Die Aussage ist rätselhafter und differenzierter.

Albrecht Dürer (1471 -- 1528): *Die vier Hexen. Kupferstich*, 1491

Diese Darstellung stammt aus dem berühmten „Compendium maleficarum" von Guaccio, jener Sammlung aller Übeltaten der Hexen, welche 1626 in Mailand, mit vielen Holzschnitten illustriert, erschienen ist.

Der „Hexenhammer" und alle seine Nachfolgebücher über Hexen, Hexenerkennung, Hexentaten und die Vernichtung der Übeltäterinnen und Übeltäter gehen auf die besonderen Malefizien der Hebammen ein, welche Kinder gleich bei der Geburt töten und sie dem Teufel übergeben.

Dieser Holzschnitt zeigt den Auftritt dreier Geburtshelferinnen am Bett der Gebärenden, denn das war weitgehend Sache der Frauen, nicht jene der männlichen Ärzte. Es handelt sich bei den Hebammen um Damen bei einer ebenfalls höhergestellten Dame vor deren Niederkunft.

Seit dem Ende der siebziger, Anfang der achtziger Jahre unseres Jahrhunderts wurden oft Hexen und Hebammen schlechthin gleichgesetzt, es wurde behauptet, Hexen seien immer Hebammen, medizierende Frauen oder „weise Frauen" gewesen. Bei der Hexenverfolgung habe es sich um die organisierte Ausrottung der sogenannten „weisen Frauen" gehandelt. Betrachtet man jedoch die Prozeßunterlagen, so wird klar, daß medizierende Frauen oder Hebammen überall ein höchst geringer Teil der Opfer, das heißt unter den als Hexen verfolgten Frauen, waren.

Die vorliegende Buchillustration wurde in den siebziger und achtziger Jahren in ungezählten Büchern und Katalogen in diesem idealisierenden, idealistischen, geschichtlich verfälschten Sinn verwendet. Doch die Hexe als „weise Frau" oder Hebamme ist vor allem Ideologie oder Wunschdenken, aber nicht historische Wahrheit.

Frauen, Hexen, Hebammen am Bett einer Gebärenden.
Anonymer Holzschnitt aus dem „Compendium maleficarum". Mailand 1626

Hans Baldung Grien, der Dürer-Schüler, lebte zwar in der Renaissance, doch er erlebte den Widerspruch von Mittelalter und Renaissance besonders stark. Einerseits trug er als Künstler das Schönheitsideal und die Libertinage im Erotischen in seine Arbeit, andererseits aber befaßte er sich mit den Volksphantasien über Hexen, satanische Orgien, Wildheit, Naturwesen, Magie und Teufelspakt, Zauberweiber und Hexen-Romantik, Weiße Magie und Aberglaube, Schwarze Magie und Okkultismus. Daraus schöpfte er seine umfangreiche Bilderwelt über Hexen. Er war in seiner Zeit unter den bedeutenden Künstlern der problematischste, widersprüchlichste, schillerndste Charakter. Er zeigte am deutlichsten, daß er in einer Zeitenwende lebte, er war am stärksten hin und her gerissen zwischen Mittelalter und Renaissance, Humanismus und Reformation. Wohl deshalb schuf er als einziger eine umfangreiche Hexen-Bildwelt.

Wenn Baldung Frauen gestaltete, dann interessierte ihn weit mehr als Dürer Sinnlichkeit, Schönheit und Häßlichkeit, manchmal auch die Anzüglichkeit. Obwohl er Beziehungen zum hohen Klerus hatte, war er weit weniger dem religiösen oder ethischen Bekenntnis verpflichtet. Seine Einfühlungskraft setzte er nicht in erster Linie moralisch, schon gar nicht kirchlich gebunden ein. Und oft war er auch schonungslos makaber. Dies alles begünstigte seine Darstellungen der dunklen Vorstellungswelt von Hexen, Teufeln und Dämonen. Seine Parzen sind nackt, sie treiben ihr Wesen und Unwesen in einer wilden Natur, sie tragen lange, wilde Haare, was übrigens ein wichtiger Punkt im kirchlichen Hexenbild war. Es sind drei Parzen, die drei Lebensalter repräsentieren, ja er setzte gar noch ein Kleinkind da hinein, welches gerade eine Blume pflückt. Natürlich ist der Besen kein Zufall. Und daß die Greisin es ist, die den Lebensfaden (des Kindes?) durchschneidet, auch nicht.

Hans Baldung Grien (1484 -- 1545): *Die drei Parzen.*
Holzschnitt, 1513

Dies ist das einzige erhaltene Gemälde von Baldung, das Hexen darstellt. Es hängt im Städelschen Kunstinstitut Frankfurt am Main, Format 65 x 45 cm. Die Ideale der italienischen Renaissance sind auf den ersten Blick dominant.

Das sind keine furchterregenden Teufelsweiber. Diese beiden schönen, jungen, beinahe lieblichen Gestalten mit dem vorwitzigen Kind sind aus der Freude am weiblichen Körper gemalt. Man könnte auch sagen: das Hexenthema sei nur der Vorwand, um entblößte Frauen malen zu können. Die eine der beiden hockt allerdings auf einem düsteren, unheimlichen Ziegenbock; sie hält eine Phiole (Symbol der Zauberei) hoch. Und am Himmel ziehen schwarze Wolken auf. Das weist überdeutlich auf das Wettermachen hin. Denn die verbreitete Vorstellung im Volk wie bei gelehrten Menschen war tatsächlich, die Hexen könnten von der einen zur andern Minute ein Unwetter machen. Und dieser Aberglaube hatte für viele Menschen furchtbare Folgen, was in diesem Bild nicht sichtbar und nicht fühlbar, was aber bei diesem Thema mitzudenken ist.

Hans Baldung Grien (1484 -- 1545): *Die Wetterhexen*, 1523.
Städelsches Kunstinstitut, Frankfurt am Main

Der Meister war gerade fünfundzwanzigjährig, als er dieses Blatt schuf. Baldung muß das Schriftwerk, welches die magischen und abergläubischen Vorstellungen vom Hexensabbat schilderte, vor allem den „Hexenhammer" und viele Nachfolgewerke, gekannt haben. Denn die Dramatisierung, die Drastik und die Plastizität seiner Darstellung entsprechen ziemlich genau jenen gottesfürchtigen Schilderungen von Theologen, Inquisitoren und Juristen. Hexensabbate finden demnach meistens nachts statt. Die Hexen fliegen auf Stecken und Besen oder auf Ziegenböcken dahin. Im Kessel, hier der Fluchtpunkt, werden die geschlachteten Kinder zu Salben gekocht. Daraus steigen gewaltige Dämpfe empor. Die häßliche Alte in der Mitte hält eine Opfergabe in die Höhe. Im Hintergrund sieht man einen weiteren Bock. Selbst der Baum rechts ist ein seltsam zerstörtes Exemplar.

Hans Baldung Grien (1484 -- 1545): *Hexensabbat.*
Holzschnitt, 1510

Wieder ist Hans Baldung hingerissen von den prallen Formen der zwei jungen Frauen, von ihrer erotischen Spannkraft und dem Glanz ihrer Körper. Sie bilden mit der alten Hexe eine Art Pyramide, deren Spitze wiederum der rätselhafte Kessel ist. Sicher nicht zufällig salbt die eine Frau ihre Vulva. Die untere versucht, durch ihre Schenkel die Welt umgekehrt zu sehen, auch das ein immer wiederkehrendes Hexenmotiv des Volksaberglaubens. Auch die langen flatternden und wehenden Haare der drei sind ein wichtiges Hexenmerkmal. Die Haare hatten besondere Zauberkraft, in den Haaren konnten sich Dämonen und der Teufel, mit dem die Hexe einen Pakt eingegangen war, einnisten. Darum wurden den Hexen nach der Vorschrift des „Hexenhammers" gleich nach der Einlieferung in den Folterkeller von den Schergen die Kopf- und Schamhaare abgeschnitten und rasiert.

Baldung hat dieses Blatt zum Neujahr mit der Inschrift „Der Cor Capen ein gut Jar" einem befreundeten Kleriker gewidmet. Die Tatsache, daß Baldung im süddeutschen Raum mit mehreren hohen Geistlichen bekannt oder gar befreundet war, ist vielleicht ein wichtiger Aspekt zur Beantwortung der Frage, weshalb gerade er eine große Serie von Werken zur Hexenfrage schuf. Die Thematik wurde ihm offensichtlich in Gesprächen und Berichten von Geistlichen nahegebracht. Es ist auch denkbar, daß Baldung von einigen Geistlichen materiell unterstützt worden ist. Jedenfalls ist dies das einzige Motiv in seiner Biographie, welches auf einen Grund für seine intensive Beschäftigung mit Hexen hinweist.

Hans Baldung Grien (1484 -- 1545): *Drei Hexen beim Einsalben.*
Handzeichnung, 1514. Albertina, Wien

Baldung hat die Literatur über Hexen und Hexensabbat genau gelesen. Im „Hexenhammer“, den Baldung gekannt haben muß, heißt es dazu: „Die Hexen genießen in ihren nächtlichen Versammlungen menschliche Speise (das heißt, sie essen Menschenfleisch, d. Verf.), sie verachten Tempel, speien Götter an und verspotten die geheiligten Gebräuche, ihr eigener Kult aber ist nicht Gottesdienst, sondern Ruchlosigkeit ... Sie beten einen Eselskopf an, oder wie andere behaupten, die Genitalien ihres Oberpriesters. Vor allem abscheulich ist die Aufnahme in ihre Gesellschaft. Ein Kind, mit Mehl überdeckt, wird dem in die Hexensekte aufzunehmenden Kandidaten vorgesetzt. Dieser muß wiederholt in das Mehl stechen. Er tötet das Kind, das fließende Blut wird von den Christen gierig aufgeleckt, die Glieder des Kindes werden zerrissen, und so wird durch dieses Menschenopfer ein Pfand hergestellt, das der Gesellschaft die Verschwiegenheit der einzelnen verbürgt.“

Die schweren Leiber der Frauen im Vordergrund sind umgeben von einem Kind, von Böcken, Katzen, von einem Totenschädel und Knochen, Resten eines kannibalischen Mahls, von Töpfen und Dämpfen sowie einem Leuchter. Alle sind in Trance. In der Mitte des Bildes hebt eine junge Hexe ekstatisch ab, eine häßliche Alte schwebt auf der Gabel herein. Ein glückliches Fest ist das nicht. Eine dumpfe Getriebenheit liegt auf der Szene, Angst und Vergessenheit.

Hans Baldung Grien (1484 -- 1545): *Hexensabbat*. Handzeichnung, 1514. Albertina, Wien

Im christlichen Verständnis verkörperte die Frau die Natur, die Sinnlichkeit. Da die Frau, so steht es im „Hexenhammer“, ihre Geilheit mangels Geist nicht kontrollieren kann – das ist die Ausdrucksweise der beiden Inquisitoren und Autoren, der Dominikanermönche Krämer und Sprenger – so ist sie den Verführungen der Dämonen und des Teufels in vielerlei Gestalt ausgeliefert.

Baldung zeigt, als wolle er genau diese Anschauung illustrieren, eine seltsame „Paarung“ eines Dämons mit einem schönen jungen Weib. Gerade weil die Sexualität tabuisiert war, wucherten so viele Phantasien, Träume und Wahnvorstellungen über die weibliche Sexualität und ihre Beziehung zum Teufel. Das ist auch der Hauptgrund dafür, daß im europäischen Durchschnitt etwa drei Viertel aller Opfer, die als Hexen zum Tod verurteilt wurden, Frauen waren.

Hans Baldung Grien (1484 -- 1545): *Hexe und Dämon.*
Handzeichnung, 1514

—— Hexenflug, Hexenritt ——

Für den Hexenflug brauchten die Hexe und der Hexer ein Berauschungsmittel, die Hexensalbe. Mit der Salbe, so stellte man sich vor, konnten die Hexen sich auch in Tiere verwandeln, in Katzen, Eulen, Hasen, Gänse, Hunde, Füchse und Wölfe.

Hieronimus Cardanus beschrieb 1563 in dem Buch „De Subtilitate" die Salbe: sie gebe dermaßen Kraft und Wirkung, daß „wunderbarliche Dinge" zu sehen seien. Die Salbe wurde zubereitet aus Kinderfleisch, Wolfskraut, Eppichsaft und Tormentil. Damit könne man „durch viel weite und seltsame Lande reisen".

Die erste bekannte Darstellung einer „fliegenden Hexe" datiert von 1451 aus Frankreich, während aus dem 12. Jahrhundert in England ein Bild überliefert ist, das den Teufel auf dem Pferd zeigt, wie er eine eroberte Hexe zu sich in die Hölle abführt.

Ab dem 15. Jahrhundert vermehrte sich die Literatur über die Hexenflüge und den Hexensabbat. Der „Hexenhammer", 1487 in Straßburg erstmals gedruckt, war unter all diesen Büchern und volkstümlichen Flugschriften Ursprung und Autorität, er wurde hundertfach abgeschrieben. Und die Publikationen über das Hexenunwesen wurden vom „Malleus maleficarum" mächtig angefeuert. Zweifel an den Behauptungen, daß vor allem Frauen, aber auch Männer, nachts heimlich auf dem Besen oder auf einem Bock zum Bocksberg oder Blocksberg ritten, und dies auch Hunderte von Kilometern weit, waren selten. Im „Hexenhammer" sind sogar „sichtbare Ausfahrten am Tage" nachzulesen, umständlich und in allen Details. Und all das hatte dreihundert Jahre lang Wirkung. Was im „Hexenhammer" stand, wurde in den Prozessen gegen die Hexensekte in den Fragenkatalog aufgenommen, und was gefragt wurde, das tauchte dann unter der Folter auch als „Geständnis" auf. Und damit waren die grausamen Phantasien des theologisch und juristisch autoritären „Hexenhammer" schließlich „bewiesen".

Dies ist eine besonders phantastische Bilderfindung zum Thema Hexenflug. Der Berner Niklaus Manuel, genannt Deutsch, Anhänger der Zwinglischen Reformation, zeigt eine nackte junge Frau, die über eine mitteleuropäische Landschaft fliegt, auf einer Kugel (Weltkugel? 1490 erschien die erste bildliche Darstellung einer Weltkarte in Globenform) sitzend, auf dem Knie den Hexenkessel (man vergleiche ihn mit jenen Baldungs), in der rechten Hand die Sanduhr, als Zeichen der verrinnenden Zeit, also des nahenden Todes, in der linken Hand einen Schädel, mit einer Feder geschmückt und mit einem Täfelchen behängt, auf welchem die Initialen NMD, Niklaus Manuel Deutsch, stehen.

Ob das ein Scherz, ein Spiel, eine witzige und gar eine selbstironische Darstellung des damals aktuellen Themas Hexenflug ist oder ob hier Manuel seine Ängste vor dem Hexenwahn ausdrückt, läßt sich nicht bestimmen. Bei der Lieblichkeit der jungen Fliegerin und der verspielten Darstellung auch in den Details, kann es ihm allerdings nicht allzu ernst gewesen sein mit dem Glauben an den Hexenflug und der Angst vor der Hexe.

Vermutlich war seine Haltung zum Mythos Hexe ambivalent, wie übrigens bei vielen Gelehrten sowie Künstlern und liberal denkenden Zeitgenossen, die mit der Hexenverfolgung lieber nichts zu tun haben wollten. Trotz weitgehender Ablehnung des Hexenwahns hielt dieser dennoch vom 15. bis ins 18. Jahrhundert hinein an.

Bezeichnend ist übrigens auch, daß der Besen als Phallus-Symbol hier fehlt.

Niklaus Manuel Deutsch um (1484 -- 1530): *Hexe, den Schädel Manuels durch die Lüfte tragend.*
Federzeichnung, 1513

„Langsam Meisterin!“ heißt das Blatt; der Titel nimmt Bezug auf die vordere alte Hexe auf dem Besen und die hintere junge, die sich auf dem rasanten Flug ängstlich im Haar der Alten festkrallt. Goya hat in seinen „Caprichos“ den einzelnen Blättern Texte beigegeben, dieser hier lautet: „Der Besen ist eines der unentbehrlichsten Instrumente für die Hexen.

Abgesehen davon, daß sie rasante Feger sind – worüber es viele Erzählungen gibt -, sie verstehen es auch, den Besen in ein Maultier zu verwandeln, auf dem sie so schnell reiten, daß nicht einmal der Teufel es mit ihnen aufnehmen kann.“

Goya wird – gerade dieser achtzig Caprichos wegen – als „der erste neuzeitliche Karikaturist“ bezeichnet. Bedenken wir, daß diese Blätter zehn Jahre nach der Französischen Revolution, nach der Genesung von einer schweren Krankheit des Künstlers entstanden sind, so kommt es einem Wunder nahe, daß Goya nicht vor die Inquisition – denn die gab es zu der Zeit noch oder wieder in Spanien – gezerrt worden ist. Die Inquisition hat sich denn tatsächlich sehr rasch an die Verfolgung dieser Kunstblätter gemacht. Goya selber hat die Caprichos aus der Öffentlichkeit zurückgezogen, um sich nicht der Inquisition auszuliefern.

Goya kündete seinen Zyklus als eine „Sammlung von Drucken mit kapriziösen Bildthemen, erfunden und radiert von Francesco de Goya“ an. Er wolle „erheiternde Vorwürfe für das Komische“ liefern, „Kritik an menschlichen Irrtümern“ äußern mit seiner Kunst, „der größte Teil dessen, was in diesem Werk zur Sprache kommt, existiert jedoch nur in der Phantasie“.

Goya schildert also die schreckliche Phantasiewelt der Menschen, die sich Hunderte von Jahren auf ungeheuerliche, mörderische Weise auf die Realwelt ausgewirkt hatte und in Spanien offenbar immer noch wirksam war. Deshalb sind etwa zwanzig der achtzig Blätter im weiteren Sinne der Hexen-Thematik gewidmet.

Den Grundtenor stimmt Goya selbst an: „Wenn die Vernunft schläft, kriechen die Gespenster hervor. Eine von aller Vernunft verlassene Phantasie gebiert monströse Ungeheuer. Vereint mit der Vernunft aber ist die Phantasie die Mutter der Künste und die Quelle ihrer Wunderwerke.“

Diese Aussage trifft ins Zentrum des Hexenwahns. Darüber hinaus ist sie ein aufklärerisches Bekenntnis zu Phantasie und Vernunft und eine präzise Bestimmung seiner Kunstauffassung.

Francisco Goya (1746 -- 1828): *Langsam Meisterin!*
Capricho Nr. 68. Radierung, 1799

In seinem berühmten Buch läßt Molitor den Herzog als Ergebnis des Gesprächs mit einem erfahrenen Hexenverfolger sagen: „Der Teufel kann weder unmittelbar durch sich noch mittelbar durch die Menschen den Elementen, Menschen oder Tieren schaden. Da Gott allein Herr der Natur ist, so kann nichts ohne seine Zulassung geschehen. Geister können keine Kinder erzeugen; kommen aber angeblich doch solche vor, so sind sie untergeschoben. Menschen können keine andere Gestalt annehmen und sich nicht per Besenflug oder Bocksritt an entfernte Orte versetzen; sie können sich nur einbilden, daß sie seien, wo sie nicht sind, und daß sie sehen, was sie nicht sehen. Ebensowenig können Hexen viele Meilen weit zur Nachtzeit wandern oder fliegen und von diesen Flügen oder Wanderungen wieder zurückkehren, sondern indem sie träumen und an allzu reizbarer Phantasie leiden, kommt ihnen Eingebildetes so lebhaft vor Augen, daß sie, erwachend, durch Selbsttäuschung glauben, sie hätten Nichtverstandenes in Wirklichkeit gesehen."

Also wiederum die Vertauschung oder Gleichsetzung der Vorstellungswelt mit der realen Welt. Heller und klarer konnte – schon Ende des 15. Jahrhunderts! – der Hexenwahn kaum gesehen werden. Ohne Konsequenzen, wie wir wissen.

Was an diesem Blatt als Detail auch noch zu interessieren vermag, ist die Tatsache, daß diesen Flug ganz selbstverständlich ein Hexenpaar, also ein Hexer mit einer Hexe, antritt.

Hexe und Hexer beim Flug zum Sabbat.
Holzschnitt aus: Ulrich Molitor: Von den Unholden und Hexen. Köln 1489

Es gab immer wieder Zweifler. Aber ihnen ging es schlecht. Und die Kirche sorgte, wo immer es ging, dafür, daß die Zweifel nicht unters Volk kamen.

Im Jahr 1453 predigte der Geistliche Wilhelm Adeline, zuvor Professor der Theologie an der Universität Paris, jetzt Prior zu St. Germain en Laye, gegen den Glauben an Hexenfahrten. Er wurde verhaftet, verhört, gefoltert, widerrief seine Meinung, denn er selbst habe den Satan in Bocksgestalt verehrt, den Glauben und das Kreuz verleugnet, er sei vom Teufel dazu angestiftet worden, in seinen Predigten zur Mehrung des satanischen Reichs und zur Beschwichtigung des Volkes die Zaubersekte für ein Ding der Einbildung zu erklären. Für seinen Schwur auf die Realität der Hexensekte und für seine Erklärung, diesen freiwillig abgegeben zu haben, wurde er nicht verbrannt, sondern lebenslänglich in den Kerker geworfen, wo er vier Jahre später starb.

Es muß mehr Zweifler gegeben haben, als geschichtlich bekannt ist. Sie wurden mit allen Mitteln mundtot gemacht. So erschien 1458 in Frankreich ein Buch des Inquisitors von Nordfrankreich, des Dominikaners Nikolaus Jacquier, der heftig gegen die Zweifler argumentierte: „Die Handlungen und Zusammenkünfte dieser Zaubersekte sind nicht Täuschungen der Phantasie, sondern verwerfliche, aber wirkliche und körperliche Handlungen von Wachenden. Es ist ein feiner Kunstgriff des Teufels, daß er den Glauben zu verbreiten sucht, als gehörten die Hexenfahrten ins Reich der Träume ... In der Sekte oder Synagoge dieser Zauberer erscheinen nicht bloß Weiber und Männer, sondern, was schlimmer ist, sogar Geistliche und Mönche, die dastehen und mit den sinnlich wahrnehmbar in mancherlei Gestalt erscheinenden Dämonen reden und sie, unter Verleugnung Gottes, des katholischen Glaubens und seiner Mysterien, mit Opfern, Kniebeugungen und Küssen als Herren und Meister anbeten."

Hexenflug zum Sabbat.
Holzschnitt aus: Ulrich Molitor: Von den Unholden und Hexen. Köln 1489

Wahrscheinlich, so sagt die Dürer-Forschung, handelt es sich hier um ein Bilderrätsel, nicht um eine visionäre Szene. Auch der Renaissancemensch Albrecht Dürer war natürlich mit der grausigen Phantasiewelt konfrontiert, die sich mit Mythologischem, Abergläubischem und Phantastischem mischte und deren sich die Theologen bemächtigten. Sie erklärten all das kurzerhand und apodiktisch zur Wirklichkeit. Mit dem Glauben an Hexen, mit Aberglauben hatte Dürer nichts zu tun und nichts im Sinn.

Er zeigt eine elementarische Dämonin. Sie kann Hagel machen und Unwetter jeglicher Art, das ist angedeutet. Sie reitet auf einem kapitalen Bock. Altes Weib, Besenstiel, wehende Haare sind auch hier die typischen Merkmale der Hexe. Doch sie hockt verkehrt auf dem Rücken des Reittiers: in der Welt des Teufels ist alles verkehrt, also kommt sie nicht voran. Auch die vier kleinen Eroten versuchen zu fliegen, sie kommen, trotz Flügel, aber ebenfalls nicht vom Fleck.

Albrecht Dürer (1471 -- 1528): *Hexe mit Liebesgöttern.*
Allegorie. Kupferstich, um 1505/07

Dieser anonyme Holzschnitt zeigt eine ganze Szene mit fliegenden Hexen. Eine fliegt eben aus dem Kamin und ist im Begriff, weit über die Landschaft davonzusegeln; eine zweite fliegt im Haus in den Kamin hinein; zwei weitere salben sich am Feuer ein. Ein Späher beobachtet die Hexen, was besagen soll, daß der Vorgang beobachtet wurde, was wiederum als Beweis gelten soll, daß solches so wie dargestellt geschehen ist.

Vermutlich war das eine volkstümliche Darstellung für die Verwendung in der Form eines Flugblattes (zu dieser Zeit sehr verbreitet) oder eines einfachen Bilderbüchleins, gedacht als Propaganda, Berichterstattung und Beweis für die vielen Gerüchte, Geschichten und Behauptungen.

Die schlagendsten Beweise jedoch, daß Hexen und Hexer zum Bocksberg flogen, waren die Hunderte und Tausende von „Geständnissen" unter der Folter. Bedenkt man das, so verlieren diese oft phantasievollen, merkwürdigen, zum Teil lustigen Darstellungen an Harmlosigkeit und Romantik; die Sehnsucht nach Identität mit diesen Figuren, wie sie uns in der Interpretation durch einen Teil der modernen Frauenbewegung entgegentritt, wird fragwürdig.

Hexenflug.
Anonymer Holzschnitt, 16. Jahrhundert

Im Jahr 1493 haben Kinder in Mettmenstetten im südlichen Kanton Zürich plaudernd erzählt, Anna Winkelmann sei auf einem Wolf über Wiesen, Hügel und Gräben geritten. Erwachsene erklärten jedoch, der Wolf sei ein Esel gewesen, und überhaupt könne es sich nicht um Anna Winkelmann gehandelt haben. Sie wurde freigelassen.

1423 hat ein Bauer in der Nähe von Basel unter Eid erklärt, die in Haft sitzende Hexe sei auf einem Wolf dahergeritten. Die „Unholdin“ wurde zum Tod verurteilt. Zehn Jahre später befaßte sich der Basler Rat mit einer ähnlichen Geschichte: Jakob Buser schwor zu Gott und erzählte dem Gericht: Als er am Donnerstag um Pfingsten um die Mittagszeit in den Weinberg gehen wollte, da habe er Gerin Kollerin herannahen sehen, auf einem Wolf reitend. Er sei erschrocken und habe sich hinter einem Gebüsch versteckt. Da sei das Weib auf dem Wolf schnell an ihm vorbei. Und er sei froh gewesen. Die Frau wurde zum Tod verurteilt.

Die Phantasie einer auf dem Wolf reitenden Hexe ging über die Länder und durch ganz Europa und durch die Jahrhunderte. Interessant an der vorliegenden Darstellung von Ende des 15. Jahrhunderts ist, daß ein Mann, ein Hexer, auf dem Wolf reitet. Bis ins 15. Jahrhundert waren die Vorstellungen von Hexenflügen, Hexenritten und Hexensabbat noch nicht auf die Frau konzentriert.

Hexerritt auf dem Wolf.
Holzschnitt aus: Ulrich Molitor: Von den Unholden und Hexen. Köln 1489

—— Hexe und Teufel ——

Das theologische und ideologische Zentrum des Hexenglaubens war der Teufelsglaube. Das betrifft die Herausbildung des Hexenglaubens ebenso wie die Praxis der Hexenverfolgung.

Gott war und ist zuständig für das Gute. Der Teufel war und ist zuständig für das Böse. Der Abfall von Gott, von der Kirche, vom Christentum war der Kernvorwurf sowohl gegen die Ketzer wie auch gegen die Zauberer und Zauberinnen, später Hexer und Hexen. Deshalb geht die inquisitorische Verfolgung der Ketzer nahtlos über in die Verfolgung der Hexen und Hexer. Beides, Ketzer- wie Hexenverfolgung, war ein Glaubensakt. Darum wurde er mit Feuer und Schwert im Namen der Kirche geführt. Die weltliche Obrigkeit ließ sich im Verlaufe des 15. und 16. Jahrhunderts zur Teilnahme an diesem Glaubensakt verführen. Und damit war der Kampf gegen den Teufel und seine Hexensekte ein gesamtgesellschaftliches Anliegen, nicht mehr allein ein kirchlicher Akt geworden.

Der italienische Gelehrte Guaccio hat sich 1626, also zur Blütezeit der Hexenverfolgung im christlichen Mitteleuropa, in seinem zweibändigen Werk „Compendium maleficarum“ auf die vom Teufel dirigierten Maleficien konzentriert, auf die Schandtaten der Hexen. Sein Werk ist eine umfassende Zusammenstellung der praktischen Vorwürfe gegen die Hexen. Vor allem aber sind die Illustrationen geradezu eine enzyklopädische Gesamtschau des Verhältnisses der Hexen und Hexer zum Teufel.

Es gibt aber auch außerhalb dieses Werks eine große Zahl von Darstellungen des Teufels und seines Umgangs mit den Verführten. Denn an den Teufel glaubten fast alle, wenn auch nicht absolut alle an einen personalisierten Teufel glaubten oder an einen Teufel, der jederzeit und überall in verschiedener Gestalt als Verführer auftreten konnte. Das war jedoch der ideologisch-theologische Kern der Hexenverfolger, und darin unterschieden sich im wesentlichen die Hexenverteidiger und Kritiker der Hexenverfolgung von den Hexenverfolgern.

Die „Alte Vettel mit Hilfsgeist“ ist ein Ausschnitt aus einer Szene von Hans Burgkmair mit dem Titel „Weiss Kunig“: Der junge Kaiser Maximilian I., beraten von einem Gelehrten, hat die Wahl zwischen weißer und schwarzer Magie. Magische Beratung an sich und Wahrsagerei sind damals durchaus üblich. Zu seiner Linken steht ein edler Mann im langen Mantel, auf seinem Kopf thront ein sanfter Engel, unter dem Arm trägt der Mann ein Buch. Zu des Kaisers Rechter die alte Vettel, auf ihrem Kopf hockt der geifernde Teufel. Der junge Kaiser wollte eigentlich die schwarze Kunst lernen. Aber er lehnt sie schließlich als gottlos ab.

Auch das war ein Signal für die Verfolgung der Teufelssekte. Natürlich wurde alles, was nicht zu akzeptieren war, auf welchem Gebiet und warum auch immer, dem Teufel mit seinem Einfluß und seiner Macht zugeordnet.

Burgkmairs Gestalt der Hexe ist nicht sehr originell, eher von abgegriffenen Vorstellungen bestimmt, während der Teufel, der natürlich für die anderen an der Begegnung beteiligten Personen nicht sichtbar ist, äußerst grotesk gezeichnet ist.

Hans Burgkmair (1473 -- 1531): *Alte Vettel mit Hilfsgeist.*
Auschnitt aus: Weiss Kunig. Holzschnitt, 1514

Auch die Teufelsbuhlschaft geht in der Kirchengeschichte auf den Ausrottungsfeldzug gegen die Ketzer zurück. 1275 berichtet das Autodafé des Inquisitors von Toulouse, Hugo von Beniols, von dem - erpreßten und erforderten - „Geständnis" der Adeligen Angela von Labarethe: sie habe fleischlichen Umgang mit dem Satan gepflogen, die Frucht daraus sei ein Ungeheuer mit Wolfskopf und Schlangenschwanz gewesen, das sie nachts mit gestohlenen kleinen Kindern habe füttern müssen.

Von nun an rückt die fleischliche Vermischung mit den Dämonen und der Geschlechtsverkehr mit dem Teufel ins Zentrum zuerst der Ketzer-, später der Hexenverfolgung. Die Kirchenlehrer, die Theologieprofessoren, die Päpste und Bischöfe liefern ungezählte schriftliche Grundlagen für diesen Wahn. Der Glaube breitet sich aus, auch die weltlichen Gerichte sind davon überzeugt. Die Befragung in den Folterkellern richtet sich gezielt auf diese Kernfrage; früher oder später fällt das „Geständnis"; das Opfer ist für den Feuertod bestimmt.

Illustrative Darstellungen zur Teufelsbuhlschaft erreichten durch Flugschriften und Traktate die Bevölkerung. Teufelsglaube und Teufelsgeschichten wurden zum Motor des christlichen Glaubens und Verhaltens. Nach Ansicht von Thomas von Aquin, einer der größten Autoritäten der Kirche, kann sich „derselbe Teufel, der sich als Weib mit einem Manne geschlechtlich vergeht, auch als Mann mit einem Weibe geschlechtlich vergehen". Es gab also männliche Teufel, die Incubi, und weibliche Teufel, die Succubi. Der Teufel konnte je nach Bedarf weiblich oder männlich auftreten.

Die häufigste Vorstellung allerdings war der Teufel als „schöner Jüngling" oder „stattlicher Mann", der die Frauen verführte, dem sie als schwaches Geschlecht natürlich verfallen waren, und der sie danach zu den schrecklichen Taten antrieb, die man ihnen in den Hexenprozessen vorwarf. Erst nach gewisser Zeit waren die Klauen, die Hufe, das Horn und so weiter sichtbar.

In den Geständnissen berichteten oder bestätigten ungezählte Frauen, wie zu sehen, auch durchaus ehrenhafte und sozial besser gestellte Damen, genau diese Geschichte, wie sie Johann Zainer kurz nach Erscheinen des „Hexenhammer" hier darstellte.

Hexenbuhlschaft mit dem Teufel. „Ob der Tüfel in menschlicher Gestalt erscheine und mit den Frauen schlafe?"
Aus: Tractatus von den bösen Weibern, die man Hexen nennet. Druck von Johann Zainer. Ulm 1490

Auch in der evangelischen Theologie gab es noch im 18. Jahrhundert, in der Epoche der Aufklärung und im Vorfeld der Französischen Revolution, Strömungen von Teufelsgläubigkeit. Da und dort fühlten sich immer wieder „rechtgläubige“ Pfarrherren persönlich vom Teufel bedrängt, ganz wie Martin Luther, der auf der Wartburg sein Tintenfaß nach dem Teufel warf.

Außergewöhnlich ist dieses Skizzenblatt in der Verarbeitung des Teufelsthemas. Der junge Zürcher Künstler Paulus Usteri hatte eine starke Neigung, Spukgestalten, Hexen, Teufel und Dämonengeschichten darzustellen. Mit dem „Teufel und seiner Tante“ brachte er eine neue Idee in die Teufels- und Hexenvorstellungen, ging es doch sonst immer um die verführten, gefügig gemachten Dienerinnen des Teufels.

Paul Usteri (1768 -- 1795): *Der Teufel und seine Tante.*
Skizzenblatt. Kunsthaus Zürich

Die Phantasien über die Gestalt des Teufels als Schlange, als schwarzer Hund, Geißbock, Hase, Katze, Maus, als dreiköpfiges Ungeheuer, als kleines Männchen oder als schöner Jüngling waren unerschöpflich. In den Verhören hatten die Frauen die ihnen erschienenen Teufelsgestalten genau zu schildern. Allerdings wurde ihnen meist das Material vorgesagt, worauf sie es unter der Folter übernahmen, manchmal „präzisierten" und „ausschmückten", meistens jedoch unter größten Qualen nur mit ja quittierten.

Das Gemisch aus heidnischem Aberglauben und religiösen Theorien der alten Kirchenväter, aus volkstümlichen Phantasien und dem Verfolgungswahn der Inquisitoren sowie aus unterschwelligen pathologischen Sexualvorstellungen der männlichen Verfolger, Untersuchungsrichter, Schergen, Scharfrichter und Vollstrecker hatte alle Schichten ergriffen, alle hatten etwas beigesteuert, und zudem war der Aberglaube kirchlich abgesegnet und behördlich anerkannt.

Hexe betet einen Dämon an.
Aus: Sebastian Munster: Cosmographia universalis. 1544

Der Kirche gelang es, die Menschen davon zu überzeugen, sie lebten in einer Welt der Allmacht des Teufels. Von da war es nicht mehr weit zur Massenzwangsneurose. Die Angst vor dem Satan begleitete die Menschen jeden Tag und jede Nacht. Im Kampf gegen den Teufel war man zu allem bereit.

Im Spätmittelalter erschienen ungezählte Geschichten und bildliche Darstellungen zur Verführung durch den Teufel, der es vor allem auf die Frauen abgesehen hatte, weil die Frauen schwächer, leichter verführbar waren, wie man glaubte. Jede Geschichte begann so harmlos wie hier. Die als Hexen denunzierten und verhafteten Frauen erzählten in den Kellern überall und immer wieder die gleichen Geschichten, wie sie auf dem Feld, im Wald, im Stall, im Garten, ja sogar im Haus von einem netten oder gar berauschend schönen Mann angesprochen wurden, wie er ihnen dann versprach, wiederzukommen und das nächste Mal Geschenke mitzubringen. Dieser Teufel erlöste sie von schwerer Arbeit, von Rückenschmerzen, er löschte ihren Durst, stillte ihren Hunger, und er gab ihnen Goldstücke, die sich, zu Hause angekommen, als wertloses Laub erwiesen. Aber die Buhlschaft dauerte an, man schloß einen Pakt mit dem Teufel und war ihm ausgeliefert. Und bald zeigte er sich als der Mann mit den Klauen und dem unstillbaren Hunger, mit dem Befehl, Malefizien zu begehen, Kinder abzuliefern und sich ihm hinzugeben.

Teufelsbuhlschaft.
Aus: Ulrich Molitor: Von den Unholden und Hexen. Köln 1489

Hier fängt der Teufel seine Hexe mit List ein, um sie in seinen Dienst zu stellen. Drastischer und grotesker könnte er nicht dargestellt werden. Dürer vereinigt hier verschiedenste Merkmale des Teufels: den Schnabel, die Klauen, die Flügel (denn schließlich haben wir es ja mit einem gefallenen Erzengel zu tun), das Feuer, das er mittels eines Blasebalgs entfacht und das ihm die Frau unterwürfig macht. Man fragt sich, wie die Menschen dazu gebracht werden konnten, solchen Unfug zu glauben, da sie doch ein solches Wesen niemals zu Gesicht bekommen haben konnten.

Doch solche Gestalten gehörten zum Weltbild der niederen Volksschichten und der Volksmehrheit. Sebastian Brandt und Dürer machten sich, sieben Jahre nach Erscheinen des „Hexenhammers“, in ihrem „Narrenschiff“ darüber lustig.

Die Frau wird auf dem Feld vom Teufel gepackt. Sie trägt bereits die Narrenkappe. Versucht sie zu fliehen, nachdem sie den Teufel erkannt hat? Oder giert sie nach den Schätzen, die der Leibhaftige vor ihren Augen ausgebreitet hat? Wie auch immer: es ist zu spät.

Albrecht Dürer (1471 -- 1528): *Vom Schatzfinden (Teufel und Hexe).*
Holzschnitt aus: Sebastian Brant: Das Narrenschiff. Basel 1494

Die „eitle Frau“ sieht im Spiegel nicht ihr Gesicht, sondern den Hintern des Teufels. Eitelkeit ist eine Sünde, und wer sie begeht, öffnet dem Teufel ein Eingangstor.

Diese Bildgeschichte erfüllt ihren Zweck: sie macht Angst. Angst nicht nur vor dem Teufel, sondern Angst vor allem Tun, das Freude bereiten könnte, denn damit könnte man sich dem Teufel ausliefern.

Diese Frau ist im Begriff, eine Hexe zu werden, indem sie sich vor dem Spiegel anschaut und schön macht, denn damit sündigt sie und liefert sich dem Teufel aus, der sie zur Hexe macht.

Der Teufel und die eitle Frau.
Aus: Der Ritter von Turn, 1498

Wiederum macht sich der Teufel ausschließlich an Frauen heran, um sie in der Messe zu Geschwätz und Gelächter zu verführen. Die Zuspitzung des Hexenbildes auf die Frau, die der „Hexenhammer" 1487 vorgenommen hat, ist vollendet. Die Einschätzung der Frau als niedrig, als minderwertig, die von der Theologie des Mittelalters geprägt worden ist, macht sie zur bevorzugten Partnerin des Teufelspaktes. Nach dem Erscheinen des „Hexenhammers" mehren sich solcherart Darstellungen der Beziehungen des Teufels zum schwachen, verachteten Geschlecht.

Der Priester ist natürlich vom Angriff des Teufels absolut ausgenommen. Alles spielt sich hinter seinem Rücken ab. Deshalb muß die Kirche aufpassen, und deshalb müssen die potentiellen Christusverächter verfolgt und ausgemerzt werden.

Der Teufel verführt in der Messe Frauen zu Geschwätz und Gelächter.
Aus: Der Ritter von Turn, 1498

Goyas Text zu Nr. 45 seiner Caprichos lautet: „Weiber, die reichlich achtzig Jahre alt sind, saugen kleine Kinder aus; die unter achtzehn saugen die Erwachsenen aus. Es scheint, als ob der Mensch geboren wird und lebt, um ausgesaugt zu werden."

Die Bilderfindung Goyas ist unheimlich und voller Komik und Grauen, natürlich, übernatürlich und künstlich.

Vieles läßt sich sagen. Fledermäuse im Rücken der alten Weiber. Vertierte Menschen, tierische Fratzen, bestialische Visagen, diabolische Grimassen. Ein Korb voller Menschenkinder im Vordergrund. Diese Allegorien spanischer Wirklichkeit sind Peitschenhiebe.

Francisco Goya (1746 -- 1828): *Violes läßt sich aussaugen.*
Capricho Nr. 45. Radierung, 1799

Goyas Text dazu lautet: „Langsam macht sie Fortschritte. Schon glücken ihr ein paar Sprungversuche, und nach gebührender Probezeit wird sie es der Lehrmeisterin gleichtun."

Und auf einer Vorstudie schrieb Goya: „Novizen im Hexenreich bei den ersten Flugversuchen. Etwas ängstlich prüfen sie ihre Fähigkeiten bei der Einübung in ihr Handwerk."

Die Utensilien im Vordergrund: Stecken, Besen, Töpfe, Totenschädel. Dazu die Katzen. Hinter den übenden Hexen, schemenhaft, als stände er in der Finsternis, der riesige Bock. Verzeiflung vor dem Abgrund spricht aus diesem Blatt. Und genau das wollte Goya ausdrücken für die spanische Gesellschaft, darum bediente er sich dieser grausigen Welt, in der jegliche Vernunft versunken ist.

Francisco Goya (1746 -- 1828): *Versuche.*
Capricho Nr. 60. Radierung, 1799

In den Illustrationen des „Compendium maleficarum“ von Guaccio ist auf den ersten Blick zu erkennen, daß in der grotesken Phantasie der Teufel als Zwittergestalt, als riesiges aufrechtes Tier mit Hörnern, Flügeln, Klauen und Schwanz über die Menschen gebietet. Die Dominikaner und Inquisitoren hatten im Spätmittelalter das Bild von den schwachen Christen, die vor dem Teufel auf die Knie fallen, installiert, also zeigte Guaccio genau diese Situation. Da der Teufel als Gestalt eine furchtbare Mensch-Tier-Erscheinung ist, so ist die Ergebenheit dieser Christenmenschen um so verwerflicher.

Hier wird ein neuer vielversprechender Kandidat für die Teufelsgemeinde getauft und aufgenommen. Dieser ist nicht allein, sondern in Gesellschaft einer Gruppe oder gar in Begleitung seiner ganzen Sippe gekommen, deren Mitglieder alle ebenfalls darauf zu warten scheinen, durch die Taufe in die Sekte aufgenommen zu werden.

Auffallend an diesen Darstellungen im „Compendium maleficarum“ ist außerdem, daß es sich, der Erscheinung nach, offenbar um angesehene Mitglieder der Gesellschaft handelt: sie haben, heute würde man sagen, bürgerlichen, großbürgerlichen, ja fast aristokratischen Habitus. Der Autor hat diese eindeutige gesellschaftliche Bezeichnung sicher nicht zufällig gewählt. Er will uns damit sagen, daß Hexerei durch alle Schichten betrieben wurde. Das ist allerdings typisch für das 17. Jahrhundert, denn besonders zu dieser Zeit machte die Hexenverfolgung tatsächlich vor niemandem und vor keinem Stand halt, auch nicht vor Bürgermeistern, katholischen Geistlichen, Domherren, adeligen Frauen.

Der Teufel tauft einen neuen Hexer.
Aus: „Compendium maleficarum". Mailand 1626

Auch der hier dargestellte Vorgang ist keine übertriebene Erfindung des Illustrators, denn auch hier geht dieser vom theologischen Schriftwerk aus, in welchem das Küssen des Hinterns des Teufels durch Hexen und Hexer zu den bestimmenden Regeln gehört.

In überlieferten Protokollen von Tausenden von Hexenbefragungen berichten, immer auf gezielte Fragen hin, die Opfer, wie ihnen der Satan zum ersten Mal begegnet ist, wie sich die Beziehung weiterentwickelt hat und wie sie nach der Aufnahme in den Hexenbund dem Schändlichen den Hintern küssen mußten oder durften. Diese als Geständnisse aufgemachten Geschichten waren ebenfalls mit der theologisch-juristischen Hexenverfolgungsliteratur in die Prozesse getragen worden. Die Angeklagten erzählten genau das, was im „Hexenhammer" und in dessen Nachfolgebüchern stand, weil die Juristen und Theologen in den Folterkellern die Fragen exakt nach diesem Material stellten und nicht abließen, eh die Antworten im Sinne der Vorlagen befriedigend ausfielen.

Der Kuß auf den Hintern des Teufels war eine äußerst beliebte Vorstellung der Inquisitoren. Und die Inquirierten hatten meistens keine Wahl zwischen der Bestätigung und der Verneinung, sie wurden solange gefoltert, bis sie alles bestätigten.

Die Bildgeschichte zeigt eindrücklich die Inbrunst und das heftige Verlangen der verführten, mit Fackeln ausgerüsteten Menschen, dem Teufel den Hintern lecken zu dürfen.

Der Lehnskuss auf den Hintern besiegelt das Bündnis mit dem Satan.
Aus: Compendium maleficarum. Mailand 1626

Die erste Prüfung der Hexer und Hexen vor dem Satan war der Abfall vom Glauben, die Abkehr von Jesus Christus, was sie damit zu beweisen hatten, daß sie auf das Kreuz treten, das Kreuz in den Dreck stampfen mußten. Dieser Mann hier tut das mit Begeisterung. Er kann es nicht erwarten, von seinem neuen Gebieter in die Sekte aufgenommen zu werden, und tritt ihm mit geöffneten Armen und sichtbarem Verlangen entgegen.

Hinter dem eben die Prüfung ablegenden Mann warten einige schöne junge Damen darauf, die schändliche Tat ebenfalls vollziehen zu dürfen.

Zum Teufel und dessen Gestalt, die im Mailänder „Compendium malificarum“ durchgehend in seiner groteskesten Ausführung gezeichnet wird, sagt der „Hexenhammer“ in der siebten Frage des 1. Teils: „Der Teufel soll nicht nur sichtbar, sondern auch unsichtbar die Menschen versuchen … Alle Bosheit und alle Unreinheit ist vom Teufel ersonnen.“

Da der „Hexenhammer“ in ganz Europa die Leitbibel der Hexen verfolgung vom Ende des 15. Jahrhunderts bis ins 18. Jahrhundert war, heißt das soviel, daß das Hexenunwesen gänzlich vom Teufel abhängig war. Der Teufel war die zentrale Figur, und der Teufelsglaube war der Kern des Hexenwahns.

Der Satan befiehlt seinen Anhängern, das Kreuz mit den Füßen zu treten.
Aus: Compendium maleficarum. Mailand 1626

Immer wieder die gleichen oder ähnlichen, elegant gekleideten Bürger, die als Gruppe oder Sippe dem Satan gegenüberstehen.

Zum Teufelspakt gehörte die Verleugnung der Bibel und damit des Christentums. Diese Hexenkandidaten tauschen mit dem Satan das Buch der Bücher gegen das Buch der schwarzen Magie. Danach folgte der Kuß auf den Hintern und die Taufe mit Blut oder Schwefel. Oft wurden sie auch mit „teuflischem Weihwasser“, das heißt mit des Teufels Urin, besprengt.

Es ist außerdem zu beachten, daß alle Zeremonien der Teufelssekte umgekehrte Zeremonien der römisch-katholischen Kirche waren. Die Hexenliteratur behauptete, der Teufel verbiete seinen Bundmitgliedern durchaus nicht, die Messe zu besuchen, doch müßten sie dort unanständige Wörter murmeln, sich über die Messe lustig machen, die empfangene Hostie im Abendmahl müßten sie dem Teufel bringen, der sie dann schände und daraus Zaubermittel bereite …

Der Satan verleitet zum Teufelspakt.
Aus: „Compendium maleficarum“. Mailand 1626

Die vornehmen Kandidaten für die Hexensekte bringen dem Teufel ein Kleinkind mit. Für den Teufelspakt, die Buhlschaft, für das Fest auf dem Blocksberg, für das Teufelsmahl und den Tanz und die Sexualorgien – so berichtete die theologische Hexenliteratur und so war der verbreitete Aberglaube – mußten die künftigen Mitglieder ein Opfer bringen, und das willkommenste Geschenk war für den Teufel ein Kind. Damit war, nach dem Verständnis sowohl der Menschen als auch der Behörden, die Hexensekte mit der äußersten Schuld belastet.

Die Kinder wurden mit Mehl bestäubt, jede und jeder stach die Gabel in die weiße kreischende Masse, das Kind wurde gebraten und verspeist, so wurde behauptet, oder es wurde gekocht und zur Salbe für den Hexenflug verarbeitet.

Dieser ganze Vorstellungsmüll war ein Gemisch aus kirchlicher Ideologie, volkstümlichem Aberglauben, heidnischen Volksbräuchen, aus Gerüchten, erfolterten Geständnissen und niedergeschriebenen Phantasien von gelehrten Theologen und Juristen.

Die Kirche verstand es, den Menschen die feste Überzeugung einzupflanzen, die Welt sei ein einziger Sündenpfuhl, in welchem der Satan mit Allmacht regierte. Damit lenkte sie erfolgreich von der wahren Herrschaft, nämlich der der Kirche ab. Aber daraus entstand natürlich Angst vor dem Teufel, Angst um die Kinder, Angst vor dem Pfarrer. Und die Verdächtigungen wuchsen, vor allem in den dörflich-bäuerlichen Verhältnissen. Schließlich lebten fast alle in dauernder Angst.

Der Teufelsglaube und der Hexenwahn waren ein Produkt der Angst, und die Angst war ein Resultat des Teufels- und Hexenwahns.

Die Hexen opfern dem Teufel ein Kind.
Aus: „Compendium maleficarum". Mailand 1626

Die Hexenverfolgung fand vor allem deshalb über dreihundert Jahre lang breites allgemeingesellschaftliches Einverständnis, weil durch den theologisch entwickelten Malefizien-Katalog für alles Unglück, das den Menschen zustieß, Schuldige bestimmt werden konnten. Der „Hexenhammer" sagt dazu: „Das Übel nämlich, das in der Welt uns Duldern zustößt, pflegt Gott durch die Dämonen, gleichsam seine Folterknechte, mit Recht zu verhängen. Das sind: Tötung von Mensch und Tier, Vernichtung der Kinder im Mutterleib, Krankheiten aller Art, Wettermachen, Vernichtung der Fluren, Milchzauber. Die Malefikantinnen können den Mann impotent machen, die Frau unfruchtbar. Die weiteren, nicht minder üblen Elemente der Hexerei sind der Teufelspakt, der Teufelskult, der Sabbatbesuch, die Teufelbuhlschaft, der Hexenflug, die Tierverwandlung."

Ein schlimmes Malefizium war das Töten von Kindern. Bei der großen Kindersterblichkeit bis weit ins 19. Jahrhundert hinein gab es also manche Gelegenheit, für den Tod eines Kindes eine Hexe verantwortlich zu machen. Oft, aber längst nicht so oft wie die populär-feministische Hexenliteratur behauptet, war die Verdächtige eine Hebamme. Eine Hexe war die Hebamme natürlich insbesondere dann, wenn das Kind bei der Geburt starb. Aber immer stand fest, daß die Hexe das Kind dem Teufel zum Sabbat gebracht hat.

Die Szene zeigt zwei jüngere Elternpaare: hinten wird das Kind in den Topf über der Feuerstelle geworfen, vorne wird es auf offenem Feuer gebraten. Auf dem Sabbat bekam dann jede Hexe und jeder Hexer seine Ration Flugsalbe mit nach Hause.

Aus Kleinkindern wird Salbe hergestellt.
Aus: „Compendium maleficarum". Mailand 1626

Die Hexen und Hexer vollführen hier einen Reigen mit dem Teufel. In dieser Darstellung sind gar zwei Teufel am Werk.

Bis es soweit war, daß die Hexen mit dem Satan tanzen, speisen und Geschlechtsverkehr treiben durften, war er den Verführten zwei- bis dreimal an ihrem Wohnort erschienen. Denn der Teufel ging, wann ihm danach war, auf Werbung aus. Frauen erschien er als schmucker Kavalier, meist als stattlicher Mann in Schwarz – so wurde er von den Frauen in den Verhören beschrieben. Er stellte sich vor als Barrabas, als Ariel, als Kräutlin, Lukas, Luzifer, Luginsland, Balebuck, Blümlin, Junker Greger, Joachim, Gräßlin, Grünläubel, Junker Hahn, als Leitfuß, Nüßlin, Rumpel, Spitzhut, Urian, Strohbutz, als Belzibock, Hänsli, Kleinbrötli, Rabet, Robin, Schwarzhänsli; es sind noch weit mehr Namen für den Teufel überliefert.

Er suchte sich eine bedrängte, geschwächte Frau aus, tröstete sie, machte ihr wunderbare Versprechungen, gab ihr Geld, das sich allerdings zu Hause als Laub oder gar als Kot erweisen sollte. Männern konnte eine schöne Frau begegnen, die sich erst beim zweiten Mal als Teufel mit Schwanz, Klauen und Hörnern zu erkennen gab.

Die Hexen hier sind vertraut mit dem Teufel, sie sind alle wahrscheinlich schon gezeichnet mit dem Stigma, dem Teufelsbiß an ihrem Körper, nach welchem in den Hexenprozeßen immer gesucht wurde, denn sie dürfen bereits mit ihrem Herrn und Meister tanzen.

Hexen und Teufel tanzen nach Geigenmusik.
Aus: „Compendium maleficarum". Mailand 1626

Wiederum operiert die Phantasie mit der Umkehrung der kirchlichen Gebräuche. Der Satan sitzt auf einem Thron unter einem Baldachin und hält eine „Rede“ statt einer Predigt. Seine Gemeinde versammelt sich ebenso andächtig um ihn, wie das die Christengemeinde in der Kirche tut. Ort der Versammlung ist die „freie Natur“.

Die Natur gehörte zum mythologischen Hexen-Instrumentarium wie der Teufel. In der christlichen Dämonenlehre war die Natur an sich, die Naturverbundenheit der Hexe, ja die Naturverbundenheit der Frau, die der Natur ausgelieferte Hexe, die zum Sabbat auf eine wilde Waldwiese flog, gefährlich für die Kirche und die Menschen.

Die verbreitetsten Malefizien der Hexen waren logischerweise Zaubereien in der Natur und mit der Natur: Wettermachen, Hagel, Felssturz, Überschwemmung eines Bergbaches, Vernichtung der Ernte durch Unwetter.

Darüber spricht hier der Satan zu seiner aufmerksamen Gemeinde.

Satan hält eine Rede an die Zauberer und Hexen.
Aus: „Compendium maleficarum“. Mailand 1626

Im „Hexenhammer“ wird mehrfach bekräftigt, daß der Teufel der Urheber alles Bösen, allen Unheils und aller Malefizien der Hexen ist. In der christlichen Sicht ist Hexerei und Hexenwerk deshalb die größte Sünde, weil die Hexer und Hexen sich am weitesten vom Glauben entfernt haben. Der „Hexenhammer“ hält in der 14. Frage des 1. Teils fest: „Daher ist es klar, daß die Ketzerei der Hexen unter den drei Arten des Unglaubens – Juden, Ketzer, Hexen – der schwerste ist ... und daß die Hexen die schwersten Strafen verdienen, über alle Verbrecher der Welt.“

Die Hexen-Literatur ist voll von Behauptungen über seltsame magische Betätigungen der Hexensekte. Danach stehlen sie nachts Leichen von den Galgen, sie holen Leichen aus den Gräbern, verwenden Glieder, Körperteile, Organe, Köpfe, Ohren, Nasen, Skelette, Schädel für phantastische magische Praktiken.

Die christliche Kirche wähnte sich umstellt und Tag und Nacht bedroht von ungezählten Dämonen, die vom Teufel geführt wurden. Und der christliche Mensch konnte sich nur mit Hilfe der Kirche vor den ihn pausenlos bedrängenden Dämonen schützen. Aber die Unholdinnen und Unholde trieben auf mannigfaltige Weise ihr Unwesen.

Hexen graben Leichname aus, um damit Zauber zu treiben.
Aus: „Compendium maleficarum“. Mailand 1626

Eine nette Familie, voran die Mutter, dicht dahinter der Vater, auf die wie kleine Erwachsene daherkommenden Kinder, Knaben und Mädchen, zeigend. Die Eltern führen ihre Kinder dem Teufelspaar vor. Diese beiden hocken wie immer in offener Landschaft. Der eine Satan scheint zum andern gewendet zu sagen: Da schau, was da kommt für unseren Braten heute Abend. Und der andere Satan lechzt nach dem schönen Angebot.

Auch hier handelt es sich um eine gutbürgerliche Familie, die elegant daherkommt, jedoch tief gefallen ist.

Der „Hexenhammer" läßt im Kapitel 2 des 2. Teils eine gefolterte Hexe berichten: „Besonders stellten wir den noch nicht getauften Kindern nach, aber auch den getauften, besonders wenn sie nicht mit dem Zeichen des Kreuzes oder durch Gebete geschützt waren."

Krämer und Sprenger berichten, in der Diözese Basel habe eine später eingeäscherte Hebamme gestanden, über vierzig Kinder getötet zu haben: nachdem die Kinder den Mutterleib verlassen hatten, hätte sie diesen eine lange Nadel ins Gehirn gestoßen. Und die beiden Inquisitoren meinen: „Die Erfahrung lehrt uns, daß die Töchter von Hexen unter ihresgleichen immer als Nachahmerinnen der mütterlichen Verbrechen verrufen sind, ja daß gleichsam die ganze Nachkommenschaft davon angesteckt ist."

Hexenkinder werden das erste Mal beim Sabbat vorgestellt.
Aus: „Compendium maleficarum". Mailand 1626

Daß der Teufel – in den Phanatasien der Menschen – seine Schüler tanzen lehrte, hatte verschiedene Gründe: In der kirchlichen Welt war das Tanzen verpönt, verachtet, verboten, bis auf wenige Ausnahmezeiten. Das verbotene Tanzen in den Wäldern, in dunklen Spelunken, in meist etwas abseits gelegenen Bauernhäusern war um so schöner. Die Hexen und Hexer mußten natürlich auch tanzen können auf den Festen rund um den selbstgefällig in der Mitte thronenden Teufel.

Die Geständnisse von gefolterten Mitgliedern von sogenannten Hexensekten über wilde Tanzorgien in der Stube einer Hexe im Beisein von Meister Hämmerli kommen in ungezählten Untersuchungsprotokollen vor, noch bis ins 18. Jahrhundert. Man tanzte um ein Licht herum, bald sei das Licht gelöscht, bald wieder angezündet worden. Das „teuflische Tanzen" sei so wunderlich gewesen, berichten viele Inquirierte, daß es nicht auszusprechen sei. Aber gerade das Wunderliche, das nicht ganz Durchschaubare, zusammen mit dem Verbotenen hatte große Anziehungskraft.

Das „teuflische Tanzen" war in allen Gesellschaften allen Herrschenden ein Dorn im Auge, ob alt- oder neugläubig, ob im Norden oder im Süden; in Spanien wurde das Verbot allerdings noch rigoroser exekutiert als im puritanischen England.

Daß in dieser Darstellung in Guaccios „Compendium maleficarum" der Satan einen Schüler das Tanzen lehrt, ist darum logisch und gehört zu seinen Verführungskünsten wie zu seinen Zielen, Kirche und Gesellschaft zu ärgern, zu attakieren und zu unterhöhlen.

Satan lehrt seine Schüler.
Aus: „Compendium maleficarum“. Mailand 1626

Des Teufels Verwandlungskünste waren grenzenlos. Und der Verwandlung von Menschen, das heißt von Hexen in Tiergestalten, widmet sich der „Hexenhammer“ im 2. Teil das 8. Kapitels. Die beiden Dominikaner Sprenger und Krämer polemisierten gegen all jene Gelehrten, die an diese Verwandlungskünste nicht glaubten, denn das sei „zum großen Nachteil des Glaubens ..., auch zur Stärkung der Hexen.“ Schon Augustinus habe von gauklerischen Tierverwandlungen berichtet; so seien die Gefährten von Odysseus in Tiere verwandelt worden, Stallmägde hätten Gastfreunde in Lasttiere verhext, die Gefährten des Diomedes seien in Vögel verwandelt worden.

„Alle guten und bösen Engel haben durch natürliche Kraft, die durchaus vorzüglicher ist als jede andere körperliche Kraft, die Macht, unsere Körper zu verwandeln“, sagen die beiden Mönche und Theologieprofessoren in Kapitel 9. Das heißt: Sie behaupten, es handle sich dabei um eine „natürliche Kraft“, aber sie verfolgen diese Verwandler – oder Hexen – mit Feuer und Schwert.

Die Dämonen könnten in unsere Körper hineinschlüpfen. Die Hexen könnten uns in Gestalt von Katzen erscheinen. Und sie berichten von einigen derartigen Fällen, wobei es sich wie immer um Gerüchte und um volkstümliche Geschichten handelt, die im „Hexenhammer“ als ganz und gar bewiesen und von religiösen Autoritäten abgesegnet vorgebracht werden.

So ist es nicht zu verwundern, daß sogar Kinder von solchen Verwandlungen erzählten, auch davon, die Nachbarin sei auf einem Wolf dahergeritten; und es wundert deshalb auch nicht, daß die vorliegende Darstellung von Teufel und Hexe als Wolf und Katze, wie sie Guaccio wiedergibt, Allgemeingut des Aberglaubens und des Hexenwahns war.

Teufel und Hexe haben sich in einen Wolf und in eine Katze verwandelt.
Aus: „Compendium maleficarum". Mailand 1626

Zum Sabbat reiten die Hexen und Hexer auf Ziegenböcken, auf Ochsen, Schweinen, Wölfen, Hunden, auf Ziegen und sogar auf schwarzen Pferden. Die Salbe, die dazu befähigt, hat man sich zuvor eingerieben. Der „Hexenhammer“ beschreibt diese Ausflüge der „verbrecherischen Weiber“ im 3. Kapitel des 2. Teils mit mythologischem Bildungsballast und erzählt, „daß sie zu nächtlicher Stunde mit der Diana, einer Heidengöttin, oder mit der Herodias und unzählig vielen Weibern auf gewissen Tieren ritten und weite Länderstrecken im Schweigen der tiefen Nacht durchmessen ...“ Die beiden Autoren fahren fort und argumentieren scheinakademisch gegen jene, die an solchem Spuk zweifelten, der Teufel habe „so gewaltige, natürliche Macht, die alles Körperliche übertrifft, daß ihr keine Erdenmacht verglichen werden kann ... Er hat eine gar gewaltige Kraft oder Macht, wie sie größer auch unter den guten Engeln im Himmel nicht existiert.“

Aus dieser „Hexenhammer“-Weisheit spricht die Annahme der christlichen Theologen, bei den Teufeln und Dämonen handle es sich um „gefallene, verdunkelte Engel“.

Ja, die Malefizien waren so bekannt und im Volk so verbreitet, daß verhaftete Menschen im Verhör meistens wußten, wie sie zu antworten hatten, denn sie wurden von der Folter erst erlöst, wenn sie bestätigten, was man von ihnen wissen wollte.

Guaccio kannte natürlich den „Hexenhammer“ und seine Nachfolger, die Bücher von Jean Bodin, Remigius, Delrio und vielen anderen. Seine Illustrationen zum „Compendium maleficarum“ hätten sich auch für den Hexenhammer und die erwähnten anderen Werke über Hexen geeignet.

Hexen reiten und fliegen auf einem Bock.
Aus: „Compendium maleficarum". Mailand 1626

—— Hexensabbat ——

In den Sabbatschilderungen zeigt sich der Aberglaube der Bevölkerung handgreiflich und gleichzeitig stark von Wunschdenken in einer harten Realität geleitet wie in keinem andern Aspekt der Hexerei. Man glaubte tatsächlich, der Teufel hole im Dorf seine Gespielinnen ab, ohne daß der Vorgang von jemandem habe gesehen werden können. Er fliege sie zum Versammlungsort. Und die Menschen waren offenbar überzeugt, daß Hexen leicht viele dutzend Kilometer weit auf einem Besen fliegen oder auf einem Bock zum Sabbatplatz reiten können.

Und man malte sich das Fest auf dem Bocksberg oder Blocksberg teils wunderbar aus, ganz nach den eigenen Phantasien, teils aber grausig, ganz nach den Beschreibungen in den „gelehrten" Büchern. Denn die Erlebnisschilderungen vom Sabbat waren ausschließlich in den Folterkellern aus den bedauernswerten Menschen herausgepreßt und von den Prozeßprotokollanten zu Papier gebracht worden. Jedes neue, unter Qualen gestammelte „Geständnis" bestätigte erneut und zum tausendsten und zehntausendsten Mal all den Unfug als Wirklichkeit.

Die Sabbatvorstellungen waren eine Mischung von uralten Mythen, von mittelalterlichem Aberglauben und christlichem Teufelswahn. Man fütterte das Volk in einfachen Bilderbüchern, Flugblättern, Berichten, Erzählungen, aber auch in Sonntagspredigten mit diesen Phantasien, Beschwörungen und Warnungen.

Die Sabbatwiese existierte freilich nur in Gerüchten, Überlieferungen und drastischen Phantasien. Danach war es eine dunkle Wiese, eingefaßt von Wald, am Rande ein Loch, ein Tümpel, eine kraterähnliche Öffnung, in der es geheimnisvoll gurgelte, quoll und brabbelte. Feuer loderten. Eine krächzende Musik spielte. Es wurde gegessen und getrunken, danach getanzt, und schießlich wurde durcheinander korpuliert, alt und jung, Bruder, Vater, Schwester, Tochter, Mutter, Onkel und so weiter, und alle mit dem Teufel.

Man trank Kinderblut und Alkohol, man atmete rauschgiftartige Dämpfe ein. Dadurch fielen alle Hemmungen. Phantasien wurden freigesetzt. Es war eine unbeschreibliche Orgie. Aber so beschrieben die Theologen dennoch das Treiben auf dem Sabbatberg. Und die inquirierten Menschen bestätigten durch ihre „Geständnisse“ diese Phantasien, verliehen ihnen durch die immer gleichen Aussagen den Anschein universeller Gültigkeit.

Schon den Ketzern hatten die Inquisitoren die gleichen oder ähnliche furchterregende und gleichsam anziehende Orgien vorgeworfen, auch diese sollen an ihrem Fest die „geschlechtliche Vermischung aller Teilnehmer“ praktiziert haben. Es war ein leichtes, diese Vorstellungen und Behauptungen auf die Hexensekte zu übertragen. Die Kirche staunte, wie leicht es für sie war, die weltlichen Kräfte zu diesen Annahmen zu verführen, denn die Behörden, die Gelehrten, die Fürsten, die Stadtbürger, alle machten mit in diesem grauenvollen Drama.

Natürlich war der Sabbat auch eine Parodie auf die katholische Messe. Der Teufel hockte oder thronte als Bock im Zentrum. Wie die Christenkinder dem Bischof den Ring an der Hand küssen durften, so mußten hier die Teilnehmer dem Teufel den Hintern küssen. Sie beteten sein Geschlecht an. Man machte sich nackt auf zu orgiastischen Reigentänzen. Andere kochten oder brieten Kinder, stellten die Salbe für die Flüge her. Die hergestellten Getränke enthielten, wie in vielen Schriften berichtet, Schlangeneier, Krötenaugen, Vogeldreck, Lurche, Frösche, Blindschleichen.

Gefolterte Frauen haben zu Protokoll gegeben, es seien hundert, tausend, ja zehntausend Leute dagewesen.

Diese durch Folter entstandene Übertreibung war nützlich, um zu dokumentieren, wie wichtig und umfangreich der Kampf gegen die Hexensekte sei. Auf die Frage, ob sie Leute kannte, die gleich ihr Mitglied der Teufelssekte seien, wich die peinlich Befragte in der Regel aus, unter Druck oder Tortur nannte sie, wer ihr gerade durch den Kopf ging, oder sie behauptete, sie hätte niemanden erkannt, da alle Anwesenden Masken getragen hätten.

Auf den ersten Blick spricht in dieser schlichten, höchst stilisierten Darstellung aus dem Buch von Ulrich Molitor nichts für eine „Hexenmahlzeit“, es sei denn, daß drei Frauen, die zusammen eine Mahlzeit einnehmen, für die Kirchenvertreter immer eine Art Hexenversammlung bildeten.

Es könnte sich dabei um drei Klosterfrauen handeln, aber auch Bürgerinnen sind denkbar, denn auch diese hüllten gelegentlich ihre körperlichen Reize in Tücher ein. Jedoch auf Hexen würde man vorerst nicht schließen. Als Illustration in dem berühmten Buch von Molitor bestehen allerdings keine Zweifel, daß dies drei Hexen sein sollen.

Der auffallend große Trinkbecher, fast ein Topf, enthält wahrscheinlich den Hexen- oder Teufelstrank. Auf dem nackten Tisch liegen zwei Fladen oder Kuchen, ein Messer und eine Schale mit einer nicht erkennbaren Speise.

Die „Hexenmahlzeit“ ist noch kein Hexensabbat, sie ist eine Art Vorstufe oder ein dem Sabbat untergeordnetes Treffen. Hexen trafen sich nach den Vorstellungen der Hexen-Literatur zuweilen in kleineren Gruppen zur Zubereitung von Säften und Salben und zur Vorbereitung ihrer Flüge zum Sabbat oder einfach zu Vereinbarungen, unter anderem auch zur Organisierung von Malefizien.

Auf welchen Gegenstand die Hexe in der Mitte zeigt, ist nicht auszumachen.

Die Hexenmahlzeit.
Holzschnitt aus: Ulrich Molitor: Von den Unholden und Hexen. Köln 1489

Der Schaffhauser Theologe und Philosoph Johann Geiler, genannt von Keysersperg (1445-1510), wirkte als Prediger in Freiburg im Breisgau, danach in Basel und schließlich am Münster in Straßburg. 1508 hielt er in Straßburg 41 Fastenpredigten, 26 davon befaßten sich mit dem Hexenwesen.

Für ihn waren die Nachtfahrten der Hexen auf Besen, Gabeln, Stecken nichts als Illusion, auf dem Rücken des Teufels jedoch flögen sie tatsächlich zum Sabbat, meinte er. Dieser merkwürdige Widerspruch erklärt sich mit dem Teufelsglauben der Theologen, der ein Bestandteil des Christentums war; gegenüber den stärker heidnisch beeinflußten Vorstellungen von Hexenflügen waren sie jedoch zeitweise etwas skeptischer.

1516 und 1517 erschienen Geilers Predigten in Buchform in Straßburg unter dem Titel „Emeis, Dies ist das Buch von der Omeissen“, mit Holzschnitten versehen.

Die grotesk-surreale Szene zeigt alle Merkmale der vielen verschiedenen überlieferten Sabbatbeschreibungen: nackte Frauen, Töpfe, aus denen Dämpfe hochsteigen, knorrige Bäume, wildes Gestrüpp, herumliegende Knochen, Totenschädel, lange Haarmähnen der Frauen mit merkwürdigen Kopfbedeckungen, und das Banner, das die eine in Händen hält, wird zum furchterregenden Unwesen, zum Teufel, der über der Versammlung schwebt.

Hexenversammlung.
Buchholzschnitt aus: Geiler von Keyersberg: Die Ameise.
Straßburg 1517

So geht es nach der Beschreibung der Theologen sowie nach der Volksmeinung auf der Versammlung zu und her, wenn sich die Teufelsverbündeten, die bösen Zauberer, die bösen Leute, die Maleficos, Veneficos und Sortilegos, die Nigromanten, die Schwarzkünstler, Hexenmeister und Hexen, die Giftköche, Bockreuter und Wettermacher, die Nachthasen, Gabelträger, Gabelreiterinnen, Nachtwanderer, die Strigen, Feen, Alraunen, bösen Weiber, Nebelhexen, Feldfrauen, Menschendiebinnen, Kindermörderinnen, die Schmiervögel, Schmalzflügel, Bockreiterinnen, Teufelsbuhlen, Teufelsbräute, Unholde und Unholdinnen treffen.

Von einem lustigen, lustvollen Fest, einer geilen Orgie, wie der Sabbat oft geschildert wurde, ist da wenig zu sehen. Hier herrschen Schrecken, Mord und Totschlag, wilde, gierige Tiere überfallen Menschen, während gleich mehrere Teufel fürstlich auftreten.

Ein weiteres Indiz, daß es sich bei der Hexerei und der Hexenjagd zentral und grundsätzlich um einen Glaubensakt gehandelt hat, ist die Tatsache, daß diese Versammlungen vornehmlich an großen christlichen Festtagen stattgefunden haben sollen: an Ostern, Pfingsten, Weihnachten und an vielen ungezählten Sonntagen. Dagegen spielte die heute so wichtig genommene „Walpurgisnacht“ (die Nacht vom letzten Apriltag zum ersten Mai) eine untergeordnete, ja fast keine Rolle, sie kommt jedenfalls in den Hexenprozeßakten kaum vor. Sie ist vor allem ein Relikt der heutigen Hexenromantik sowie der neueren ideologischen Nutzbarmachung des Hexenglaubens für die „weibliche Identitätsstiftung“. Der Gegenstand jedoch dieser „Identitätsstiftung“ ist höchst fragwürdig. Denn die „Walpurgisnacht“ ist der volkstümlichen heidnischen Mythologie zuzuordnen und nicht jenen feindseligen Phantasiewelten des Christentums, die zur jahrhundertelangen Verfolgung dieser Feinde des Christentums geführt haben.

Die Hexen im Fürstentum Jülich.
Anonymes Flugblatt, 1591

Diese „Hexenvorstellung als Traum“ stammt aus der Zeit, als der Hexenwahn immer mehr in Frage gestellt wurde und die Hexenjagd durch Kirche und Behörde in manchen europäischen Ländern überwunden war. Es wird ein Traum geschildert, und die Hexerei wird nicht nur als Traum, sondern als „vermeintliche und sogenannte Hexerei“ dargestellt, und die Darstellung wird gar eine „Untersuchung“ genannt.

Aber nichts fehlt der Zeichnung an Dramatik und Drastik, an Grauen und Schrecken. Der Traum einer jüngeren Frau ist in den Bildvordergrund gerückt, dahinter spielen sich das bekannte groteske Geschehen, die Schrecknisse und Grausamkeiten ab: das nackte Weib vor dem Hexentopf mit seinen Rauchschwaden und Dämpfen, die auf der Gabel einfliegende Hexe, die wild-gefräßigen Tiere, das Skelett, der tanzende Hexenmeister, der Teufel mit der „verführerischen Schlange“.

Und der Eigenkommentar ist ironisch: „Hier sieht man sonnenklar, daß Hexen in der Welt, da eines Träumers Kopf wohl tausend in sich hält.“

Die Hexenvorstellung als Traum.

Titelkupfer zu: John Webster: Untersuchung der vermeintlichen und sogenannten Hexereien. Halle 1716

Im Jahre 1797, nach seiner Genesung von langer, schwerer Krankheit, bekam Goya den Auftrag, für den Palast der Grafen von Osunas sechs Studien zum in Spanien zu dieser Zeit immer noch gängigen Thema „Hexerei“ zu malen.

Hexerei und Zauberei waren nicht nur für Goya ein geeignetes Thema und ein künstlerisches Motiv, die gesellschaftliche Wirklichkeit in Spanien zu karikieren. Der Absolutismus war erdrückend, die Inquisition war noch immer aktiv, jeglicher Liberalismus und die geringste Liberalität wurden staatlich und kirchlich verfolgt. Besonders für Goya war die Hexerei ein Spiegel der tiefer gesehenen spanischen Realität. In seinen Caprichos, die zur gleichen Zeit entstanden, prangerte er die Gesellschaft und ihre Sexualheuchelei an. Für ihn war Spanien buchstäblich von der „alten Vettel“ geritten.

Goya hinterließ neben diesem hier zwei weitere Gemälde zum Thema „Hexensabbat“, die 1794 und 1821 entstanden.

Hier thront der Bock als Teufel mächtig inmitten seiner ihm ergebenen Dienerinnen. Der Bock war auch Sinnbild für Sinnenlust, Sexualität, Kraft und Potenz. Das alte Weib vorne rechts und das hintere rechts bringen dem Bock oder Teufel ein kleines Kind, auf der linken Bildseite liegt zwischen den Hexen ein offensichtlich blutentleertes, weil ausgesaugtes Kind, ebenfalls unter den Tüchern der Frau, die uns den Rücken zuwendet und die offenbar fasziniert auf das Geschlecht des Bocks starrt.

Francisco Goya (1746 -- 1828): *Hexensabbat.*
Gemälde, 1798. Museum Lázaro Galdiano, Madrid

—— Hexenfolter ——

Der dritte Band des „Hexenhammer" ist der „Kriminalkodex" und berichtet „Über die Arten der Ausrottung oder wenigstens Bestrafung durch die gebührende Gerechtigkeit vor dem geistlichen oder weltlichen Gericht". Auf 228 Seiten wird hier genau festgehalten und vorgeschrieben, wie der Prozeß zu beginnen ist, es wird über die Anzahl der Zeugen referiert, es wird angegeben, wie die Angeklagte oder der Angeklagte einzukerkern, wie sie zu den peinlichen Fragen zu verurteilen, wie sie zu scheren sind, wie die Folter fortzusetzen ist, wie das glühende Eisen eingesetzt werden soll, wie der Urteilsspruch zu fällen ist, „wie dieser Glaubensprozes vermittelst des endgültigen Urteilsspruches mit dem gebührenden Ende zu beschließen sei"; die beiden Dominikaner räsonieren über eine von einer eingeäscherten oder einzuäschernden Hexe angezeigte Person und wie über diese das Urteil zu fällen sei (33. Frage).

Daß die Inquisition als Polizei des fundamentalistischen Christentums und des machtgierigen Kirchenapparates einen derart gewalttätigen Apparat mit solchen menschenverachtenden Praktiken erfunden, entwickelt und angewendet hat, erstaunt wenig. Verblüffend ist jedoch, mit welcher Selbstverständlichkeit die weltlichen Mächte diesen „Glaubensakt" mit all seinen Konsequenzen für Jahrhunderte übernommen haben. Damit war jedenfalls dem Klerus und den Inquisitoren ein genialer Schachzug gelungen: sie lieferten das theologische und ideologische Rüstzeug, für das juristische und polizeiliche Handwerk sorgten die willigen weltlichen Behörden.

Wurde eine Person aus dem Alltag heraus, meist von Nachbarn, Bekannten, Verwandten, oft auch von Individuen, die zu ihr keinerlei Beziehungen hatten, als Hexe oder Hexer denunziert, so wurden die Ahnungslosen überraschend abgeholt, ohne Angabe von Gründen, in der Regel am frühen Morgen. Im Kerker wurden den Verhafteten die Kopf- und Schamhaare rasiert, sie wurden – von den Schergen – nackt ausgezogen, man zog ihnen das Marterhemd oder den Hexenkittel an. Damit sollte vermieden werden, daß die Hexe oder der Hexer an ihrem Körper oder in den Haaren etwas Satanisches verstecken oder sich gar der Leibhaftige selbst im Körper verbergen konnte, um den ihre „christliche Pflicht" ausübenden Richtern zu schaden. Die Verdächtigen wurden gefesselt, manchmal wurden ihnen auch die Augen verbunden. Nun war der Scharfrichter beauftragt, an ihrem Körper das Hexenmal zu suchen. Nach Belieben stach dieser, wo und so oft und so tief er wollte, ins Fleisch. Das Resultat war so willkürlich wie alles andere im Prozeß. Wurde kein Mal gefunden, war das der Beweis für eine besonders hartgekochte Hexe oder für einen besonders wichtigen Hexenmeister. Geliefert waren sie in jedem Fall. Denn alle Deutungen des Verhaltens des Opfers waren den Schergen und Richtern vorbehalten.

Der „Hexenhammer“ hat einen genauen Ablauf der Befragung, der Folter, der Art der Folter, des Zeitpunkts der Verschärfung der Folter bis zum Geständnis festgelegt. Die Folter oder Tortur oder Marter oder die peinliche Frage war keine Strafe, sondern integrierter Bestandteil des Kampfes gegen den Teufel und gegen den Pakt der gefolterten Person mit dem Teufel, sie war das notwendige Mittel, um zum Geständnis zu gelangen. Ohne diese grauenvollen Torturen hätte sich dieser ganze Hexen-Sekten-Phantasie-Müll niemals über die ganze christliche Welt verbreiten können.

Das Geständnis lautete: Pakt mit dem Satan, auch Geschlechtsverkehr mit dem Teufel, Taten im Dienste des Satans. Daraus leiteten sich die Missetaten, deretwegen sie oder er zum Beispiel von Dorfbewohnern oder Nachbarn oder von einer bereits gefolterten und abgeurteilten Hexe in deren Prozeß denunziert worden waren, also die Malefizien, von selbst ab. Das Opfer wurde solange befragt und gequält, bis sämtliche Einzelheiten dieses Teufelsvertrages bestätigt waren, dann wurde weiter gefoltert, bis die „bereuende Hexe“ auch noch weitere Mitglieder der Sekte angegeben hatte.

Die Folter war das Kernstück des Hexenprozesses. Ohne sie hätte es diese Zehntausende von abstrusen, unter Qualen erfundenen „Geständnisse“ nicht gegeben. Je mehr „Geständnisse“ erfoltert wurden, desto eindeutiger wurden die „Beweise“ für die Existenz der Teufels- und Hexensekte, um so mehr konnte weiter Jagd gemacht werden auf Hexen und Hexer.

An dieser Stelle sei darauf verwiesen, daß Geständnisse nicht vor der Folter schützten. Wer gleich gestand, weil er wußte, was ihm bevorstand, wurde aus dem ganz einfachen Grund gefoltert, um ihm die Namen weiterer „Hexen“ und „Hexer“ abzupressen.

Keine Beschreibung kann die Schrecken der Folter in den inquisitorischen Verliesen so vermitteln, wie sie das Opfer empfindet. Auch dieser Holzschnitt muß sich mit ein paar Informationen und einem starken Eindruck begnügen. Liest man studienhalber Hunderte von Verhörprotokollen, spürt man die Gefahr der Abstumpfung an sich selbst. Doch es gibt Protokolle – die ja meist von jüngeren männlichen Sekretären geschrieben worden sind – die, routiniert, kühl, unbeteiligt, ordentlich abgefaßt, dennoch mit bestürzender Gewalt unter die Haut fahren. Das Folterprotokoll vom 14. September 1662 aus Eßlingen bei Stuttgart ist mit folgendem Wortlaut überliefert:

„Wird gefesselt, winselt. 'Könn's nicht sagen. Soll ich lügen? O weh, o weh, liebe Herrn!' Bleibt auf der Verstockung. Der Stiefel – (der spanische Stiefel oder die Beinschraube, mit welcher die Knochen des Unterschenkels zertrümmert wurden, d. Verf.) wird angetan und etwas zugeschraubt. Schreit. 'Soll ich lügen, mein Gewissen beschweren? Kann hernach nimmer recht beten!' Stellt sich weinend, übergeht ihr aber kein Auge (tränt nicht, d. Verf.). 'Kann nicht, und wenn der Fuß herab müßte!' Schreit sehr. 'Soll ich lügen? Kanns nicht sagen!' Ob zwar Stiefel stark angezogen, bleibt sie doch auf einerlei. 'O ihr zwingt einen!' Schreit jämmerlich.

'O lieber Gott, Sie wollts bekennen, wenn sie es nur wüßte, man sage ja, sie solle nicht lügen!'

Wird weiter zugeschraubt. Heult jämmerlich. 'Ach liebe Herrn, tut mir nicht so gar! Wenn man aber euch eins sagt, wollt ihr gleich wieder ein anderes wissen.'

Winselt, heult, grochset.“

Aus diesem Protokoll ist klar herauszulesen, daß die Inquirierte keine Ahnung hat, was man von ihr will.

Folter.
Holzschnitt aus einem anonymen Flugblatt, 16. Jahrhundert

Der evangelische Zürcher Pfarrer Johann Jakob Wick (1522-1588) hatte in Deutschland studiert, war Pfarrer am Spital und am Großmünster zu Zürich und hinterließ eine Nachrichtensammlung aus den Jahren 1560 bis 1587 in Quart- und Foliobänden, handgeschrieben, durchsetzt mit Kupferstichen, Federzeichnungen und kolorierten Holzschnitten. Die 24 Bände, genannt „Wickiana", liegen wunderbar erhalten in der Zentralbibliothek in Zürich. Sie sind eine wahre Fundgrube für Darstellungen aus dem Alltagsleben im 16. Jahrhundert. Wick sammelte alles und gab alles wieder, was ihm berichtenswert schien: Protokolle, Briefe, Reiseberichte, Flugblätter, mündlich Mitgeteiltes, Einblattdrucke, Grabsprüche, Gedichte, Mordtaten, Teufelsgeschichten, Hexenverbrennungen, Katastrophen, Wunder, Schreckensnachrichten, Himmelserscheinungen, Todessehnsüchte, Angstpsychosen, Prognosen, Wahrsagungen. Er hatte viele Mitarbeiter, regelrechte Korrespondenten in vielen Teilen schweizerischer und deutscher Gebiete. Er nahm mündliche Erzählungen von Wächtern, Kindern, Bürgern, Reisenden, von Handelsleuten und Handwerkern auf. Mit deren Überprüfung ging er wenig zimperlich um, auch gegenüber Anekdoten aus Gast- und Trinkstuben hatte er keine Skrupel, und den Zunfthäuslern glaubte er ohnehin aufs Wort.

Die Illustratoren seiner Nachrichten sind unbekannt. Es sind jedoch authentische künstlerische Schilderungen aus der zweiten Hälfte des 16. Jahrhunderts. Die ältere Frau wird an den hinter den Rücken gebundenen Händen aufgezogen. Im Vordergrund liegen auf dem Boden die Gewichte, die den Gefolterten zur Verschärfung beim Aufzug an die Füße gehängt wurden, bis sie das „Geständnis" ablegten.

Die Tochter sieht voll Entsetzen der Marter ihrer Mutter zu; sie weiß, was sie erwartet. Ihr Stoßgebet ist vergeblich.

Hexenfolterung zu Melligen 1577, mit einer Mutter und ihrer Tochter.
Aus: Johann Jakob Wicks Nachrichtensammlung aus dem 16. Jahrhundert. 24 Bände (handschr.).
Zentralbibliothek Zürich

Thomas de Torquemada, der spanische Großinquisitor im letzten Fünftel des 15. Jahrhunderts, verbreitete Angst und Schrecken wie kaum ein zweiter seiner Spezies. Sein veröffentlichtes Hauptwerk war eine Kompilation zur organisatorischen Struktur der Inquisition und erschien ungefähr zur gleichen Zeit wie der „Hexenhammer" in Deutschland (1487). In dieser Zeit wurde von christlichen Truppen das friedliche Zusammenleben und die Kultur von Mauren, Juden und Christen in Granada zerschlagen, die Päpste in Rom waren als Machtpolitiker rücksichtsloser denn je, andererseits ermöglichten sie Leonardo, Michelangelo, Raffael ihre grandiosen Kunstwerke, die Inquisition wütete in ganz Mitteleuropa gegen Hexen und Hexer, die abergläubischen und teufelsgläubigen Phantasien der Theologen verbreiteten sich in allen Schichten, auch unter weltlichen Herrschern, und bereiteten damit den Boden für Willkür, Fanatismus, Gewalt und Massenvernichtung.

Die vorliegende Buchillustration zeigt deutlich, daß der Hexenprozeß ein Glaubensakt war. Insbesondere demonstriert er die alle Teile der Kirche umfassende Beteiligung an diesen Verbrechen.

Der Großinquisitor Thomas de Torquemada inquiriert eine junge Frau.
Im Hintergrund Folterung eines jungen Mannes.
Buchillustration, 19. Jahrhundert

Dominikanermönche waren die Inquisitoren, vom Papst ausgewählt und damit ehrenvoll beauftragt. Ein aufklärerischer Geist nannte sie in einem Wortspiel die „domini canes“, die „Spürhunde des Herrn“. Und sie taten ihre Christenpflicht gut, treu und gründlich. Sie ließen foltern, bis die Sonne durch den geplagten Körper scheinen konnte, wie es in einem Werk eines Hexenverfolgers heißt. Schamlose Geilheit gehörte ebenfalls zur Arbeit der frommen Frager und brutalen Folterer.

Der Stich von Ferdinand Piloty zeigt diesen Aspekt eindrücklich. Mit dem Rücken zum Betrachter sitzt der Protokollant. Vorn in der Mitte wird das Feuer geschürt für glühende Eisen und Zangen. Oft hingen die Opfer so lange am Aufzug, bis sie starben. Zu Beginn legte man sie auf einen mit Nägeln gespickten Holzbock und schlug sie mit Ruten oder Schlagstöcken blutig. Gestanden sie immer noch nicht, setzte man sie nackt auf ein frisch gesägtes Holzstück oder einen rohen Bock. Die Füße wurden ihnen mit zwei Hölzern drei Schuh breit auseinander gesperrt. Dann band man ihnen die Knie fest zusammen, fesselte ihnen die Hände auf dem Rücken, band ihnen einen schwarzen Fetzen vors Gesicht, damit die Hexen den Teufel nicht sehen konnten. So hockten sie viele Stunden, bis sie zusammenbrachen. Selbst die Schlaffolter haben die Inquisitoren gekannt. Man weckte die Opfer mit langen Stangen, schlug sie mit Knütteln und spitzen Gegenständen, um sie am Schlaf zu hindern. Verlangten sie zu trinken, reichte man ihnen „Weihwasser“, oft auch Essig. Nach dem „Hexenhammer“ und dann vor allem im 17. Jahrhundert entwickelte sich in vielen Ländern eine „wissenschaftliche Kunst“, die sich der Erfindung neuer Foltermethoden widmete. Ab etwa 1500 wagte niemand mehr, gegen die Folter zu schreiben.

Ferdinand Piloty (1786 -- 1844): Du sollst so dünn gefoltert werden, daß die Sonne durch dich scheint.
Stich aus: Johannes Scherr: Germania. Stuttgart 1878

Die Folter kam mit dem Inquisitionsprozeß in den mitteleuropäischen Hexenprozeß. Das römische Recht, das bestialische Strafrecht und die Folter, vor allem die Folter, waren die Hauptnerven der Beweisführung, und Beweis und Geständnis mußten sein, und das kam nur durch die Folter zustande. Danach waren die Behörden frei, die Verurteilten erwürgen, enthaupten, ertränken, hängen oder verbrennen zu lassen. Es wurden Zungen herausgerissen oder aufgeschnitten, Ohren, Nasen, Hände abgehauen, Augen ausgestochen, es wurde gerädert, mit glühenden Zangen gezwickt. Das waren Strafen. Die Folter jedoch war eine erlaubte prozessuale Maßnahme. Darum wünschten sich die Opfer im Folterkeller bald den Tod herbei. Gehängt zu werden, war eine Erlösung. Wurde jemand zum Tod durch das Feuer verurteilt, so war die Milderung, vorher geköpft oder erwürgt zu werden, eine Gnade. Die Richter und Folterknechte ließen nicht selten die Opfer auf dem Folterbock, in der Wanne oder am Seil zurück und gingen in die Schenke zum Zechen. Und manchmal kamen die Schergen zurück und fanden die Malträtierten tot, was den Anklagebehörden laut Prozeßgesetz zur Schande gereichte, Folgen jedoch hatte das keine. Es gab ein paar Richter, die darob wahnsinnig wurden. Über die angefügten Strafen gab es kaum je Diskussionen. Die Tortur hingegen provozierte erstmals im 16. Jahrhundert, dann aber erst wieder hundert Jahre später, heftige Angriffe. Natürlich waren diese Stimmen in der Minderheit. Und einige der bestialischen Strafen und vor allem die Folter hielten sich bis weit ins aufgeklärte 18. Jahrhundert hinein.

Drei Hexen öffentlich gehenkt.
Anonymes Flugblatt, 1589

Der „Malleus maleficarum“ rät, die Folter stufenweise durchzuführen und dies an verschiedenen Tagen, und da die „Wiederholung“ untersagt war, nannte man sie einfach „Fortsetzung“. Zauberei und Hexerei waren überall ein Crimen exceptum, folglich waren exceptuelle Methoden der Verbrechensaufklärung erlaubt.

Dieser Folterstuhl kam als neue Erfindung im 17. Jahrhundert zur Anwendung. Das Opfer wurde nackt in den Sessel gezwängt. Über Brust, Beine, Arme verliefen mit Spitzen besetzte Eisenbügel, die mit Schrauben angezogen werden konnten. Über zweitausend Spitzen wurden dem Opfer in den Körper getrieben. Es gibt Berichte, wonach so ein Eisenstachelstuhl gar noch glühend gemacht worden sei; eine solche Darstellung liegt hier vor, wie man am Kohlebecken sieht, das ein Folterknecht unter dem Stuhl anfacht. Dieser Stuhl ging als „Brüllender Ochse“ in die Geschichte der Folter ein. Wer hat da gebrüllt? Laut Protokollen haben Delinquenten bis zu drei Stunden in diesem Eisenstuhl gelitten.

Nach Sprenger und Krämer war die Folter „die Erziehung zur Wahrheit, wie beim Exorzieren eines vom Dämon Besessenen“. Also Tortur bis zum erfundenen Geständnis, welches als „errungene Wahrheit“ notiert wurde. So halten die beiden Dominikaner im 3. Band, 16. Frage, fest: „Nachdem dies durch Gottes Gnade erledigt ist, was zur Erkenntnis der Eigenheiten betreffs der Hexenketzerei dient, zugleich auch, wie der Glaubensprozeß gegen jene zu beginnen und fortzusetzen ist, bleibt jetzt noch zu erörtern, wie ein solcher Prozeß … mit dem passenden Ende zu beschließen sei …“

Folterung im 17. Jahrhundert in den Niederlanden auf dem „brüllenden Ochsen".
Stich, 18. Jahrhundert

Der erste Foltergrad begann mit dem Festbinden der Hände auf dem Rücken oder mit den Daumenstöcken oder auch mit der Peitsche oder Rute. Auch der Marterstuhl gehörte dazu. Im zweiten Grad wurden die Opfer an den hinter dem Rücken zusammengebundenen Händen hochgezogen.

Manchmal wurden sie auch am Seil hängend ausgepeitscht. Man legte ihnen die Beinschrauben an, wie dieses Bild eindrücklich zeigt, trieb die Schrauben mit gewaltigem Hammer in die Unterschenkel, zerschmetterte ihnen die Knochen. Im dritten Grad wurden sie so stramm hochgezogen, daß ihnen die Glieder ausgerenkt wurden. Da und dort wurden die Hochgezogenen auch plötzlich fallen gelassen, so daß die gefesselten Leiber auf den harten Kellerboden geschmettert wurden. Immer wieder starben „Schwererziehbare“ in diesem Glaubensakt unter der Folter oder hinterher im Verlies, manche nahmen sich das Leben. Aber all diese zwar peinlichen „Pannen“ im Verfahren konnten mit dem Eingreifen des Teufels erklärt werden. Es war den im Dienste des Christentums stehenden Schergen nicht gelungen, ihre Opfer vom Teufel zu befreien. Richter und Scharfrichter hatten immer noch die Möglichkeit, im Prozeßprotokoll festzuhalten, was ihnen beliebte. Alles lag in ihrer Hand. Kontrolle gab es kaum. Das Verfahren war allseits gedeckt.

Folterung durch Beinschraube und Protokollierung der Befragung und des Geständnisses.
Holzschnitt. Paris 1541

Benedikt Carpzow, Professor der Jurisprudenz in Leipzig, war einer der schärfsten Hexenverfolger der Geschichte; er war ein berühmter Kriminalist und Strafrechtler und ein orthodoxer Lutheraner. Er rühmte sich, in seinem Leben jeden Sonntag die Kirche besucht zu haben, die Bibel dreiundfünfzigmal vollständig gelesen und in seiner Eigenschaft als Inhaber des Schöffenstuhls zwanzigtausend Todesurteile unterschrieben zu haben, davon dreitausend von Hexen, Hexern und Hexenkindern. Aus diesen Angaben läßt sich ablesen, daß die Todesstrafe leichthin und schnell ausgesprochen wurde, aber auch, daß das Crimen der Hexerei in Leipzig während des dreißigjährigen Krieges, der Zeit des Wirkens Carpzows, unter allen todeswürdigen Verbrechen gerade fünfzehn Prozent ausgemacht hat.

Man teilte alle Verbrechen in Crimina ordinaria und in Crimina excepta; zu letzteren zählte man: Majestätsbeleidigung, Hochverrat, Falschmünzerei, Straßen- und Seeräuberei, Ketzerei und Hexerei. Nach Carpzow war die Hexerei darüber hinaus ein ganz außerordentliches Verbrechen, in welchem sich Ketzerei, Apostasie (Abfall vom Glauben), Sacrilegium, Blasphemie und Sodomie vereinigten; deshalb forderte er auch besondere richterliche Befugnisse, Vollmachten und Maßnahmen. Die Bamberger Halsgerichtsordnung von 1507 und die Reichsgesetzgebung, die peinliche Gerichtsordnung Kaiser Karls V. reichten Carpzow nicht. Er war einer der Lutheraner und juristischen Fachleute, die dafür sorgten, daß der Inquisitionsprozeß für die Jagd auf Hexen und Hexer auch in der reformierten Fürsten- und Bürgerwelt über dreihundertfünfzig Jahre lang einen schrecklichen Siegeszug feiern konnte.

Carpzow stand dreißig Jahre täglich in der Praxis der Leibstrafen, welche hier versammelt gezeigt werden.

Leibstrafen.
Aus: Der Laienspiegel. 1508

Ein Mann wird für das Verhör bereit gemacht. Links der Untersuchungsrichter, Befrager und Richter in einem. Hinten zwei Beisitzer und der Schreiber. Dem Delinquenten, noch angezogen, werden die Hände auf dem Rücken gefesselt. In der Mitte des Raums hängt von der Decke herab der Kettenaufzug, darunter steht die Winde. Im Vordergrund ist ein Gewicht zu erkennen. Der Richter scheint jene Haltung einzunehmen, die ihm der „Hexenhammer" empfiehlt, wenn in der ersten Frage des 3. Bandes gesagt wird, er amte „zum Ruhme und zur Ehre des verehrungswürdigen Namens Jesu Christi und zur Erhöhung des heiligen orthodoxen Glaubens, auch zur Erdrückung der ketzerischen Verkehrtheit besonders der Hexen und Hexer, allen und jeden, welcher Stellung und Standes sie seien." Alle die wird der Richter „mit dem Dolche der Exkommunikation durchbohren".

Der Prozeß oder Glaubensprozeß beginnt mit einer Denunzierung, „wobei der Denunziant sich nicht erbietet, es beweisen zu wollen", sondern nur zu sagen braucht, er denunziere „aus Glaubenseifer oder zum Besten des Staatswesens", denn er weiß ja, daß seine Behauptung mit der Folter als „Geständnis" und als „Wahrheit" aus dem Opfer herausgepreßt und also belegt werden wird. Man hat auch nur auf Gerüchte im Land oder im Dorf Verdächtige verhaftet. Dies empfiehlt der „Hexenhammer" ausdrücklich, ja mit Nachdruck.

Vorbereitung zur Tortur.
Anonymer Holzschnitt, 16. Jahrhundert.
Aus: Band III der Schriftenreihe des mittelalterlichen Kriminalmuseums Rothenburg ob der Tauber

Bei dem Geschehen denkt man an Exorzismus. Und tatsächlich hatte der Hexenprozeß als Glaubensakt ein zentrales Anliegen, den Kampf gegen den Teufel, die Teufelsaustreibung, und wenn der Teufel im Leib oder in den Haaren einer jungen Frau saß, dann mußte die erst einmal tüchtig ausgepeitscht und danach verbrannt werden. Was man nicht erwartet ist, daß diese Szene in den Niederlanden festgehalten wurde, ein Jahr nach dem Tod Pieter Bruegels des Älteren, der 1569, im Jahr des offenen Aufstandes der Niederlande gegen Spanien, starb. Die calvinistische Konfession hatte sich zu der Zeit noch nicht endgültig durchgesetzt. Im Calvinismus gab es zudem äußerst aktive orthodoxe und teufelsgläubige Strömungen, die die Hexenjagd begünstigten. Es ist denkbar, daß die zwei zuschauenden Herrschaften im Hintergrund ein weltlicher Magistrat (links) und ein hoher Kleriker (rechts) sind. Das würde einmal mehr die enge Zusammenarbeit zwischen Kirche und „weltlichem Arm" dokumentieren.

Ursel Schulmeysterin ist möglichweise eine Täuferin. Das ändert aber nichts am Glaubensakt. Und es ist gut möglich, daß sie als Täuferin gefaßt, aber als Hexe oder als beides verurteilt worden ist. Manches Verschulden glitt im Prozeß fast unbemerkt zum Hexenprozeß hinüber, und mancher Hexe wurden ungezählte bürgerliche Vergehen zusätzlich angehängt.

Jan Luyken: *Ursel Schulmeysterin zu Yardricht, jämmerlich gepeiniget, gepeitschet und darnach verbrennt, anno 1570.*
Buchillustration, 1685

Goya hat dutzende eindrücklicher Darstellungen der finsteren spanischen Unterdrückung geschaffen. Er griff zum Thema Hexen, um anhand von Unvernunft, Aberglauben, Mystik und Mythologie die offene und versteckte Grausamkeit in der spanischen Gesellschaft anzuprangern.

Die Heilige Allianz aus Kirche, Inquisition, Absolutismus und Armee hatte aus Spanien ein Schlachthaus gemacht, das Jahrhunderte währte. Goya war vor ihm sogar geflohen. In Spanien herrschte täglich, stündlich in allen Landesteilen ein mit fanatischem Haß erfüllter Terror des absolutistischen Systems gegen das Volk, gegen Andersdenkende, Oppositionelle, Systemkritiker, Freiheitskämpfer, Ketzer, Hexen und Hexer. Man sperrte sie in Verliese und Keller, folterte sie, köpfte, hängte, garottierte oder verbrannte sie oder ließ sie verhungern.

Opfer, Märtyrer, Verfolgte aller Art waren und sind schwer auseinanderzuhalten.

Goya zeigt hier eine abgewandelte Art des Aufzuges, den Wippgalgen: Dieser Mann wird an den auf dem Rücken zusammengebundenen Handgelenken hochgezogen. Man ließ den Bedauernswerten dann aus einer Höhe von zwei oder drei Metern auf den Kellerboden krachen. Da er sich dabei auf jeden Fall die Knochen brach, ließ man ihn einfach liegen und langsam verhungern, verdursten und verenden.

Francisco Goya (1746 -- 1828): *Folterung eines Mannes.*
Sepia laviert, 1820. Hispanic Society, New York

— Hexen-Verbrennung —

„Wer nicht in mir bleibt, der wird weggeworfen wie eine Rebe und verdorrt, und man sammelt ihn und wirft ihn ins Feuer, und er muß brennen.“ Diese biblische Aufforderung aus dem Johannes-Evangelium nahmen die Kirchenväter und dann die Menschen schon im frühen Mittelalter wörtlich. Also warfen sie zuerst die Zauberer, dann die Ketzer, später die Hexen ins Feuer. Und im 12. Jahrhundert wurde dieser „Brauch“ zum Gesetz erhoben.

Ketzer und Hexen mußten vernichtet und beseitigt, das Land mußte von ihnen gereinigt werden.

Dieser Glaube saß tief: das Feuer frißt alles auf, läßt alles verschwinden. Die verbrannte Sache geht in Rauch auf. Zwar bleibt Asche zurück. Aber die kann man vergraben, verscharren oder in den Fluß werfen, und es bleibt gar nichts mehr zurück - nach der Vorstellung der mittelalterlichen Menschen.

„Jeder Baum, der nicht gute Früchte trägt, wird umgehauen und ins Feuer geworfen“, heißt es im Matthäus-Evangelium. Im Feuer enden auch Spreu und Unkraut, also auch Ketzer, falsche Propheten, Hexen, um sie geradewegs in die Hölle zu befördern, damit nichts von ihnen zurückbleibt, meinte und glaubte man.

Die Kirche betrachtete die Verbrennung von Ketzern, später von Hexen als eine so hervorragende fromme Tat, daß sie allen, die Holz für den Scheiterhaufen herbeibrachten, Ablaß gewährte. Jahrhundertelang frönte man einem Reinigungswahn durch das Verbrennen von Abweichlern, Kritikern, Ketzern und Hexen. Zur vollständigen Vernichtung wurde gebetet, gesungen, gejohlt, während die Gepeinigten im Todeskampf schrien, husteten, dann erstickten und schließlich verstummten. Die Chorknaben stimmten den letzten Psalm an und flohen plötzlich vor der Hitze.

Ketzer und Hexen boten sich an zur Vernichtung von Unerwünschtem, zur Verbrennung von Abfall. Man hatte die Vorstellung, Hexen und Hexer seien vom Glauben abgefallen, hätten sich von Gott und der Kirche abgekehrt. So wurden sie zu Abfall, den man nur durch die Verbrennung beseitigen konnte. Doch dieser gesellschaftliche Abfall konnte nicht total vernichtet, nicht gänzlich zum Verschwinden gebracht werden, auch nicht, wenn die Asche in die Flüsse und Seen oder auf die Äcker gestreut wurde, und schon gar nicht, wenn sie vergraben wurde.

Diese ungeheuerliche Abfallbeseitigung durch das Feuer konnte nur überwunden, mußte überwunden werden: durch Aufklärung, durch Vernunft, durch Humanismus und Humanität und durch eine menschlichere Gesetzgebung und Strafgesetzordnung. Dieser Kampf dauerte bis Anfang des 19. Jahrhunderts.

Im 15. und 16. Jahrhundert wurden vielerorts die Hexen „zum Brand“ verurteilt, wie es kurz und bündig hieß, manchmal wurden aber die Frauen „aus Gnade“ vorher erwürgt oder erdrosselt, die Männer enthauptet, hinterher wurden aber immer und in jedem Fall die Leichen verbrannt. Im 17. Jahrhundert nahm das Verbrennen lebendigen Leibes in vielen Ländern langsam ab. Da und dort wurden den Opfern zur Erleichterung der Strafe Pulversäcke um den Hals gebunden, sie wurden ins Feuer gestoßen und mußten wenigstens nicht minutenlang leiden, bis sie durch Ersticken erlöst wurden. In den Prozeßprotokollen und Urteilen tönt dieses Ungeheuerliche beiläufig und banal: „Man binde sie auf eine Leiter, stelle die Leiter auf und stoße sie ins Feuer“. Der „Hexenhammer“ sagt es pathetisch: „Um sie den ewigen Flammen zu überantworten.“

Auch dieser Bildbericht erzählt von einer Verbrennung in der Zeit der spanischen Besatzung in den Niederlanden. Nicht nur die schwarzen Seelen der Inquisitoren, nicht nur fanatische Verteidiger des alten Glaubens und der Hegemonie des Katholizismus, nicht nur verbohrte, treue weltliche Diener des Christentums mit Scheuklappen vor dem Gesicht hatten Spaß an den „ewigen Feuern“ des Ausrottungskrieges gegen die antigläubige Sekte.

Es gab auch evangelische Theologen, die das Feuer nicht genug schüren konnten. Die Calvinisten in den Niederlanden beriefen sich auf Johannes Calvin, der in Genf fürchterlich gegen die „Hexensekte“ als Pestsäer gewütet hatte.

Der damals berühmte Dramatiker der Reformationszeit und glühende Anhänger Luthers, Thomas Naogeorgus Kirchmaier in Schwaben, predigte scharf gegen die „Hexensekte“, nachdem 1562 ein entsetzliches Unwetter die Gegend verheert hatte. Er säte in der Bevölkerung die Angst vor Hexen, er schürte systematisch von der Kanzel herab den Hexenwahn. Naogeorgus und der Eßlinger Rat gerieten scharf aneinander. Der Prediger erhielt einen Verweis. Doch der ließ nicht locker, bevor nicht mehrere Malefikanten endlich ins Feuer gestoßen worden waren.

Jan Luyken: *Anne Heinrichs zu Amsterdam verbrannt anno 1571.*
1685

Salzburg war über die Jahrhunderte ein Fürstbistum, der Fürstbischof verfügte über die „göttliche Gnade der kirchlichen Wahrheit“ und über die absolute Macht. Die Fürstbistümer gehörten deshalb zu den Gebieten, welche die Hexenjagden am schärfsten betrieben haben; neben Salzburg waren das die deutschen Fürstbistümer Würzburg und Bamberg, wo vor allem im 17. Jahrhundert in wenigen Jahren mehrere hundert und bis weit über tausend Hexen und Hexer ins Feuer gestoßen wurden, auch Knaben und Mädchen, Bürgermeister, adelige Damen, des Kanzlers Ehefrau und Töchter sowie der Kanzler selbst und viele einfache Stadtbürger und Frauen und Bauern und Bäuerinnen.

In Salzburg wurde mit der Tortur nicht nachgelassen, bis die Opfer ihre Familienangehörigen als Hexen angegeben hatten. So wurden zahlreiche Familien ausgerottet. Viele angeklagte Frauen und Mädchen gaben in Salzburg zu Protokoll, sie seien im Kerker „so und so oft vom Teufel vergewaltigt“ worden. In diesen Fällen war „der Teufel“ sicher in Gestalt der Büttel, Scharfrichter und Wärter gewaltsam zu den Frauen gekommen.

Allein im Jahr 1678 wurden in Salzburg siebenundneunzig der „erschröcklichsten Zauberer und Hechsen“, darunter mehrere Kinder von zehn bis vierzehn Jahren, wesentlich mehr Knaben als Mädchen, durch das Feuer vom Leben zum Tod geschickt. Auch in Würzburg und Bamberg waren unter den angeklagten und gerichteten Kindern vor allem Knaben, besonders viele höhere Schüler und unter diesen vor allem musisch begabte Knaben.

Erst die österreichische Kaiserin Maria Theresia hatte 1740 die „Neue peinliche Halsgerichtsordnung“ von 1707 außer Kraft gesetzt und die Folter verboten. Ein Jahr vor dem Antritt ihrer Regentschaft hatte Paragraph 25 eines neuen „Kriegsartikels“ gelautet: „Das höllische Laster der Hexerei wird mit dem Feuertode bestraft, sowie alle diejenigen, die nachts unter dem Galgen vom Teufel verblendete Mahlzeiten und Tänze halten, oder Ungewitter, Donner und Hagel, Würmer und anders Ungeziefer machen.“

Jan Luyken: *Verbrennung von 18 Personen in Salzburg, anno 1528.*
1685

Noch vor der „Heiligen Inquisition“, also etwa vor dem 13. Jahrhundert, waren Todesurteile zum Scheiterhaufen selten. Aus dem 12. Jahrhundert sind Fälle von Lynchjustiz durch das Volk bekannt: in Bayern, in Flandern, in Nordfrankreich verbrannte der Pöbel Menschen, die der Zauberei, natürlich der „bösen“, beschuldigt wurden. Um 1190 wurde in Beauvais eine Zauberin – der Begriff Hexe, Hechs, Hägs oder ähnliche Schreibweisen waren noch kaum bekannt, jedenfalls nicht gebräuchlich – mit „ordentlichem Urteil“ des Bischofs und des städtischen Rates auf einem Holzstoß vor den Toren der Stadt verbrannt. Zauberei war im Hochmittelalter noch ein bürgerliches Verbrechen. Dann setzte sich langsam, vor allem durch das Schrifttum der Kirchenväter, die Vorstellung durch, daß „Hexerei“ Teufelsdienst und deshalb als kirchliches Vergehen zu verfolgen sei. Und diese fatale theologische Entwicklung begründete und leitete die Hexenjagden von etwa 1400 bis kurz vor der Französischen Revolution. In Mitteleuropa haben rund hunderttausend Menschen, etwa zu dreiviertel Frauen, nach (und während der) qualvollen peinlichen Verhöre auf dem Scheiterhaufen oder unter dem Schwert ihr Leben lassen müssen.

Kirche, Bischöfe, weltliche Behörden, Richter, Scharfrichter legten Wert darauf, daß das Volk bei der öffentlichen Verbrennung anwesend war. Das Spektakel wurde als Warnung und Einschüchterung inszeniert, es wurde oft zum Volksfest, die Schergen und Honoratioren praßten hinterher an einem Festschmaus in der Nähe der langsam erlöschenden Glut. Die Asche wurde in einen Bach, Fluß oder See oder ins Meer geworfen oder über Äcker gestreut. Der Scharfrichter, der durch die Folter das Geständnis und damit das Todesurteil „handwerklich“ bewerkstelligt hatte, genoß seinen großen Tag. Er hatte die berechtigte Hoffnung, bald wieder Arbeit zu bekommen.

Drei Frauen werden auf dem Marktplatz von Guernesey lebendig verbrannt, das Kind wird ins Feuer geworfen.
Anonymer Stich, 16. Jahrhundert

Im 19. Jahrhundert erschienen in Deutschland eine ganze Reihe hervorragender liberal-aufklärerischer Arbeiten über die Geschichte der europäischen und der deutschen Hexenverfolgung. Bücher von Soldan-Heppe und Hansen sind heute noch lesenswert. Viele dieser Bücher waren mit Illustrationen von instruierten Künstlern versehen. Manche Darstellung war heroisiert, idealisiert, mit Pathos vollgepumpt, oder sie erschöpfte sich im Illustrieren der Grausamkeit und des Leidens. Auffallend ist jedoch, daß im 16. und 17. Jahrhundert Darstellungen von Folter und Verbrennung vergleichsweise rar sind. Von bedeutenden Künstlern gibt es überhaupt nichts zu diesem damaligen Massenleiden und Massenmord. Wie ja erstaunlicherweise auch die Gelehrten und die Dichter nirgends auf diese ungeheuerlichen Vorkommnisse eingegangen waren.

Erst im Zuge der Aufarbeitung und Darstellung dieses dunklen Kapitels im 19. Jahrhundert, als die Hexenjagd überwunden schien, beschäftigte sich die Illustrationskunst mit der Realität der Qualen, der Gewalt und des massenhaften Justizmordes. Vorher galt das Interesse der Künstler der Vorstellungswelt über Hexerei und den Hexensabbat, sie interessierten sich für die Phantasien über den Teufelspakt und den Hexenflug.

— Hexen-Verbrennung —

V. Katzler: *Verbrennung der Hexe Lise Plainacher in Mank. (17. Jahrhundert).*
Zeichnung, 19. Jahrhundert

Am 10. September 1571 wurde Verena Kerez in Meilen am Zürichsee, so berichtet der Pfarrer Johann Jakob Wick in seinen vierundzwanzig handgeschrieben Chronik-Bänden, die mit kolorierten Zeichnungen und Holzschnitten reich illustriert sind, verbrannt.

„Sie hat Gott den Allmächtigen verleugnet und sich dem Teufel ergeben“ und laut ihrem protokollierten Geständnis „aus Neid und Haß einigen Nachbarn das Vieh gelähmt und getötet ... Als sie eine Zeit lang große Armut, Hunger und Mangel litt, sei der böse Geist, der Teufel, in Gestalt eines reichen Mannes zu ihr gekommen und habe Verena ihr Elend, ihre Armut und Mühsal vor Augen gehalten. Er habe ihr versprochen, er wolle, wenn sie sich ihm ergebe, ihm folge und das tun werde, was er ihr befehle, ihr genug und so viel geben, daß sie keinen Mangel mehr habe ... Er habe sie beredet, daß sie den einigen allmächtigen Gott ganz und gar verleugnete und sich ihm, dem bösen Geist ergab. Darauf habe er sie umarmt, in den rechten Arm gebissen, sich als Meister Hämmerli vorgestellt und habe mit ihr den Beischlaf vollzogen, was sie ihm gestattete.“

Soweit das schöne Märchen als „Geständnis“ im Verhörprotokoll. Und weiter heißt es dort: „So wurde doch aus Gnade auf ihre Reue und Bekehrung hin folgendermaßen über sie geurteilt: Sie solle dem Scharfrichter überantwortet werden, der ihre Hände zusammenbinden und sie zur Sihl (einer der beiden Flüsse in Zürich, d. Verf.) hinaus auf das Kies führen solle. Daselbst solle er sie auf einen Reisighaufen setzen und an einen Pfosten binden und so verbrennen. So werde ihr Fleisch und Gebein zu Asche und solle sie vor dem Recht gebüßt haben. Und wenn jemand diesem ihrem Tode wehre, ihn räche oder darüber eiferte mit Worten oder mit Werken, heimlich oder öffentlich, der oder die sollen in den gleichen Schulden und Banden stehen, in denen die Kerez jetzt steht.“

Die Verbrennung der Hexe Verena Kerez am 10. September 1571 in Zürich.
Illustration aus: Johann Jakob Wicks Nachrichtensammlung aus dem 16. Jahrhundert (genannt Wickiana). 24 Bände (handschr.). Zentralbibliothek Zürich

Die Illustrationen in der „Wickiana“ zur Hexenfolterung und Hexenverbrennung tragen fast alle die gleiche Handschrift. Die vierundzwanzig Bände zu siebenundzwanzig Jahren Nachrichten enthalten etwa zwei Dutzend Meldungen zum Thema Hexenjagd – eigentlich überraschend wenig –, und es sind etwa ein Dutzend dieser einerseits drastisch-grotesken, andererseits naiven, technisch in manchem unbeholfenen Illustrationen zu finden. In den Darstellungen erkennt man den gleichen Galgen, mal rechts, mal links im Bild plaziert, Feuer und Rauchschwaden sind ähnlich, und selbst die Scharfrichter, ob in Genf, Lausanne, Bremgarten, Baden oder Zürich, sehen sich zum Verwechseln ähnlich. Die Opfer sind aufs einfachste stilisiert, sie wirken beinahe wie Puppen. Der Illustrator hat sich seiner Aufgabe offensichtlich mit eher unbeteiligter Routine entledigt. Man geht in der Interpretation wohl nicht zuweit, wenn man aus diesem überraschenden Eindruck die These ableitet, daß für die Menschen damals die Richtstätte für Hexenbrände und andere Vollstreckungen von Todesurteilen und vor allem die „Richtigkeit“ der Ausmerzung der von Gott Abgefallenen fast als normal empfunden wurde. Das war auch in den protestantischen Schweizer Städten wie Zürich, Bern, Basel, St. Gallen der Fall, wo die Hexenverfolgung sowohl in der Anzahl wie im Verfahren vergleichsweise milde praktiziert wurde.

Aus diesen Darstellungen in der „Wickiana“ sprechen wenig Schrecken, kein Zweifel und kaum Teilnahme für die Opfer. Diese Bilder sind eine Art bildnerischer Parallele zu den ebenso routinierten, kalten, unbetroffenen Verhörprotokollen überall in Europa. Gleichwohl kommt man nicht darum herum, so viel wie möglich davon zu lesen, will man dem Verständnis des Phänomens Hexenverfolgung etwas näher kommen. Als authentische Zeugnisse sind diese Illustrationen von größter Bedeutung.

Wie am 2. August 1571 eine Hexe zu Schwyz verbrannt wurde.
Illustration aus: Johann Jakob Wicks Nachrichtensammlung aus dem 16. Jahrhundert (genannt Wickiana). 24 Bände (handschr.). Zentralbibliothek Zürich

Aus einem Bericht aus Genf an den Zürcher Theologieprofessor für Neues Testament, Josias Simmler, der die Unterlagen an Wick weitergegeben hat für dessen Chronik, ist die Genfer „Spezialität" abzulesen, daß dort die Hexen und Hexer vor allem als Pestsäer verstanden und angeklagt wurden. Das geht auf den fanatischen Calvin zurück, der eine Generation zuvor eine wütende Verfolgungswelle gegen die Pestsäer und Hexensekte anführte und den Rat blutgierig antrieb. „Es wurde bei uns eine unglaublich große Zahl von Hexen und Hexern gefunden", schreibt der Berichterstatter nach Zürich. „Wir wissen, daß wir mit der Pest wegen unserer Sünden gestraft wurden ... In diesem Monat Mai verbrannte man neunzehn Hexen bei lebendigem Leib ... Eine große Anzahl dieses Unrats ist noch gefangen, die hatten sich zusammen verschworen, diese Stadt zu verderben ... Sie streichen Salbe vom Teufel an die Häuser, Wände, Kleider, an Frau und Mann, Knaben und Mädchen. Das Pulver schütten sie ins Getränk und besprengen damit etwa ein Glied des Körpers und töten also in kurzer Zeit Leute und Vieh."

Johann Jakob Wick ließ dann also von seinem Illustrator ein Bild anfertigen. Der Scharfrichter, das Feuer, der Galgen, die Opfer, alles entsteht nach dem gleichen Schema, ganz wie die Phantasien von den Hexentaten, die Fragen und Antworten im Verhör, so wie auch die Urteile und die Vollstreckungen überall nach dem gleichen Muster abliefen, natürlich mit Abweichungen in den Einzelheiten. Diese Bilder sind ähnlich zu lesen, auch ähnlich in der Wirkung wie moderner Tagesjournalismus über Unglücksfälle und Verbrechen: es dominiert die Routine, Teilnahme ist so gut wie undenkbar.

Bericht aus Genf im Jahre 1571 über Hexenverbrennungen.
Illustration aus: Johann Jakob Wicks Nachrichtensammlung aus dem 16. Jahrhundert (genannt Wickiana).
24 Bände (handschr.). Zentralbibliothek Zürich

Lausanne war der Sitz des Inquisitors für Savoyen und die französische Schweiz. Seit Mitte des 16. Jahrhunderts war die Waadt bernisches Untertanenland. Das große waadtländische Agrarland wurde in sechzehn Vogteien eingeteilt. So wurde Bern zum größten Stadtstaat nördlich der Alpen. Die Berner brachten den neuen Glauben. Doch das Waadtländer Volk sträubte sich, den Glauben ihrer Besatzer anzunehmen. Die Nachwirkungen der Inquisition waren nicht leicht auszumerzen. Die neuen Inquisitoren waren nun die Vögte. Zwar waren sie einheimische Herren, aber von Gnaden der Berner und von denen kaum zu kontrollieren. Die Willkür der Vögte, ihre Gier nach dem Hab und Gut der vernichteten Hexen, bremste niemand. Das Bauernvolk in den Dörfern lebte im Elend. Die Abgaben an die Berner waren erdrückend. All das begünstigte den Hexenwahn. Hexen und Hexer waren die Sündenböcke für alles erfahrene Unglück. Die Vögte gingen willig auf die Denunziationen ein. Und selbst als der Rat in Bern Dekrete zur Mäßigung erließ, half das nur kurz. Das soziale und kulturelle Leben, auch die religiöse Praxis, leisteten den aus den Dörfern kommenden Denunziationen Vorschub. So wurde die französischsprachige Waadt das schweizerische Gebiet mit der weitaus höchsten Zahl an Hexenopfern. Die Vögte hatten zu große Freiheiten. Die Kontrollen Berns waren zu schwach. Die Gerichtspraxis war in der Waadt rückständig. Die denunzierten Frauen, etwa sechzig Prozent, und die angeklagten Männer, etwa vierzig Prozent der Opfer, waren die Sündenböcke für Unterdrückung, Elend, schlechte Ernte, dörfliche Spannungen und für äußere Gefahren auf dem Land.

Fünf Hexen am 14. Februar 1573 zu Lausanne wegen Zauberei und Hexenwerk verbrannt.
Illustration aus: Johann Jakob Wicks Nachrichtensammlung aus dem 16. Jahrhundert (genannt Wickiana).
24 Bände (handschr.). Zentralbibliothek Zürich

In dieser Bildgeschichte zeigt der Illustrator rechts, allerdings mit einigen handwerklichen Nöten, vor allem die drei Hexen betreffend, wie der Scharfrichter unter Mithilfe eines Assistenten die Hexen dem Feuer „überantwortet", während auf der linken Bildseite, getrennt durch einen hohen Baum, die Untaten der Hexen geschildert werden. Den Sabbattanz der drei Hexen mit den drei Teufeln, wie hier dargestellt – jede hatte ihren eigenen Teufel –, hatten die drei im Verhör so geschildert wie Zehntausende andere Opfer in den unterschiedlichsten Ländern. Gelage, Tanz, Musikkappelle, eine ekelhafte Brühe, die man zu trinken bekam und widerliches Kaibenfleisch ist das Fleisch von Kalbinnen oder Kälbern?, das man essen mußte, alles paßte zusammen, auch das riesengroße Glied des Satans paßt in diese Phantasien. Nur das Gefühl großer Kälte, das die Hexen beim Geschlechtsverkehr mit dem Satan empfanden, wollte nicht recht zu diesen Festen passen. Diese Kälte desjenigen, der aus der glühendheißen Hölle kam, war wohl die Erfindung der Theologen. Sie installierten die eiskalten satanischen Glieder in ihren Hexenschriften und sorgten, wo sie konnten, dafür, daß die grausige Erfahrung, verbunden mit der Geschlechtslust, Eingang in die Prozeßverhöre fand. Einmal mehr konnte man die Sexualität verteufeln. Obwohl das Grundmaterial dieser Vorstellungen zu großen Teilen „heidnisch", archaisch und vorchristlich war, so brachten die Theologen es fertig, diese Teufels- und Hexenfeste im 15. Jahrhundert als Umkehrung der kirchlichen Riten, als Negation der katholischen Sakramente und damit als ein besonders verabscheuungswürdiges Verbrechen darzustellen, mit dem Erfolg, daß schnell ein allgemein gesellschaftlicher Konsens für die Hexenjagd erreicht wurde.

Wie am 13. September 1574 drei Hexen, Verena Trostin, Barbara Meyerin und Anna Langin zu Bremgarten verbrannt wurden.

Illustration aus: Johann Jakob Wicks Nachrichtensammlung aus dem 16. Jahrhundert (genannt Wickiana). 24 Bände (handschr.). Zentralbibliothek Zürich

Johann Jakob Wicks Illustrator zeigt hier drei zusammengebundene Hexen, die gerade ins Feuer geworfen werden. Im Vordergrund eine Frau, ganz allein, mit einem geheimnisvoll rauchenden Töpfchen. Es dürfte wohl nicht mehr lange dauern, bis diese an der Reihe war für den Holzstoß.

Links hinten wohnen die Honoratioren dem grausigen Akt bei: breitbeinig, selbstbewußt, frei von Zweifeln, mit strengen Blicken, soweit das überhaupt der stilisierten Darstellung entnommen werden kann. Hinter den Ratsmitgliedern ist die Zuschauermenge nur noch als dumpfe Masse festgehalten. An den meisten Orten ist die Bevölkerung aufgerufen worden, zu diesen Vollstreckungen und Bränden zu erscheinen. Die Machthaber inszenierten den Akt als Machtdemonstration, zur Einschüchterung des Volkes. Es war ein Spektakel und eine grausame Warnung. In vielen Prozeßakten ist zu lesen, daß dem gaffenden Volk Getränke, manchmal eine Scheibe Brot, in einigen Fällen sogar ein Geldstück ausgehändigt worden war. Aus dem Ausrottungsakt der Hexensekte wurde ein Volksfest. Die richtenden Prozeßbeteiligten trafen sich zum Gelage. Was sie da verpraßten, das bezahlten die Hinterbliebenen der Gerichteten. Alle am Prozeß beteiligten Herren, vom Richter, Beisitzer, Seelsorger, Beichtvater, Protokollanten bis zum Folterknecht und Scharfrichter, bekamen für ihre „christliche Pflicht“ Sitzungsgeld; reichte das nicht aus, was als Vermögen der Opfer eingezogen worden war, so hatten den Rest der Verfahrenskosten, einschließlich des Gelages, die Verwandten zu begleichen.

Wie 1574 drei Hexen zu Baden verbrannt wurden.
Illustration aus: Johann Jakob Wicks Nachrichtensammlung aus dem 16. Jahrhundert (genannt Wickiana).
24 Bände (handschr.). Zentralbibliothek Zürich

Man lud die Verurteilten gefesselt auf einen Karren und zwickte sie unterwegs mit glühenden Zangen, was ausdrücklich im Urteil festgehalten war, wenn die Richter die Strafe verschärfen und die mitziehenden Leute aus dem Volk noch zusätzlich einschüchtern wollten. Vor der Verbrennung wurde den Opfern oft die rechte Hand abgehauen. So adrett gekleidet, mit Hütchen und bürgerlichem Kleid wie hier, wurden die Verurteilten natürlich nicht transportiert. Die zum Tod Verurteilten hatten tage- und nächtelange Folter hinter sich, bekamen kaum zu essen und zu trinken, sie waren geplagt, geschwächt, geschunden, halb tot. Nun wurden sie auf dem Weg zur Richtstätte noch mit glühenden Zangen traktiert. So war der Tod im Feuer eine Erlösung von einem unvorstellbaren Märtyrium.

1545 berichtete ein Durchreisender aus dem Genf Calvins, an den Toren und an auffallenden Stellen in der Stadt seien angenagelte Überreste von gevierteilten Menschen gehangen, an einem Galgen seien dreißig abgehackte Hände von Hexen und Hexern, die in Genf als des Teufels Pestsäer verfolgt und gerichtet worden waren, festgemacht gewesen, darunter auch die Hand der Mutter des Henkers.

Calvin, der in Genf übrigens den ersten protestantischen Inquisitionsprozeß gegen den „Ketzer" Michael Servetus inszeniert und diesen auf dem Holzstoß hatte verbrennen lassen, betätigte sich als wütender Hexenjäger. Er verlangte vom Rat „die Ausrottung einer ganzen Rasse" und berief sich dabei auf das Moses-Wort: „Zauberer und Zauberinnen sollst du nicht leben lassen." Calvin predigte dutzende Male gegen die Pestsäer. Und da er, bald weltweit, ein christliches Vorbild und Religionsstifter war, glaubten ihm unzählbar viele Menschen und taten es ihm nach, bis nach Amerika.

Wie Agnes Muschin, ihres Alters ab 80 Jahr, zu Bremgarten am 9. Oktober mit feurigen Zangen gezwickt und hernach verbrannt wurde.
Illustration aus: Johann Jakob Wicks Nachrichtensammlung aus dem 16. Jahrhundert (genannt Wickiana). 24 Bände (handschr.). Zentralbibliothek Zürich

Wick nahm auch Meldungen von weit her auf, wenn er welche bekam. Diese Geschichte soll sich im Oktober 1555 in Derneburg in der Grafschaft Rheinstein am Harz ereignet haben, wie der dortige Korrespondent wörtlich berichtet: „Am Dienstag nach Michaelis, am 1. Oktober, sind zwei Hexen oder Unholde verbrannt worden, die eine hieß die Gröbische, die andere die Gißlersche. Die Gröbische gestand, daß sie elf Jahre lang mit dem Teufel Unzucht betrieben habe. Und als man sie zur Feuerstelle gebracht und mit Ketten an die Säule geschlagen und das Feuer angezündet hatte, kam ihr Buhl, der Satan, und führte sie für jedermann sichtbar durch die Luft weg."

Die Illustration ist offensichtlich von einem anderen Zeichner, möglicherweise auf Anfrage Wicks von einem Künstler am Ort des Geschehens gefertigt worden. Merkwürdig ist, daß der Bericht von zwei Hexen erzählt, hier jedoch drei im Feuer stehen, wovon die eine eben vom Teufel abgeholt wird.

Eine schreckliche Geschichte in Rheinstein am Harz im Oktober 1555.
Illustration aus: Johann Jakob Wicks Nachrichtensammlung aus dem 16. Jahrhundert (genannt Wickiana).
24 Bände (handschr.). Zentralbibliothek Zürich

—— Nachbetrachtungen ——

(1)
Der Charakter der Hexenverfolgung war universell, genauer: europäisch oder christlich-abendländisch, denn die Grundlagenliteratur erschien zu allen Zeiten in lateinischer Sprache. Lesen konnten diese Werke nur die Gebildeten, gerichtet waren sie an Theologen, Juristen, Behörden, Kleriker, Fürsten und andere Regierende. Und es waren die Gebildeten, welche die Hexenjagden begründeten, verbreiteten und betrieben, es waren die Theologen, welche sie unters Volk und in die weltlichen Behörden trugen.

(2)
Soldan-Heppe sagt in seinem zweibändigen Werk „Hexenprozeße", „die Kirchenväter vermählten das Griechen- und Römertum mit dem Dämonismus des Morgenlandes". In den blutigen Händen der Inquisition bildete sich aus lauter bekannten Stoffen (Magie, Teufelsglaube, Aberglaube) das Verbrechen der Hexerei. Die Inquisition stellte den Teufel in den Mittelpunkt. Die Inquisition vereinigte die Vorstellungen christlicher Ketzergreuel mit den römisch-heidnischen Malefizien zu einem kapitalen Verbrechen am christlichen Glauben.

(3)
Die blutige Praxis, die Folter des geheimen Inquisitionsprozesses lieferte laufend neue Beweise für die Existenz und die Realität der Hexerei. Die Beweislast war erdrückend. Wer gegen diese Autorität, gegen „Erfahrung" und „Beweis" immer noch anzugehen Lust hatte, der war selber ein Hexer und wurde wie diese gerichtet. Das Resultat war Angst, Angst, Angst.

(4)
Auch die Angst vor dem Teufel wurde auf breiter Kirchenfront geschürt. Die Angst vor Gewitter, Blitzschlag, Lawine, Überschwemmung, Miß-

ernte, Hunger, Elend, Gewalt, Krieg übertrug sich auf die Angst vor dem Teufel, auf die Angst vor den Hexen und natürlich auch umgekehrt.

Im calvinistischen System waren die Menschen beunruhigt durch die Angst vor der Prädestination, die Katholiken hingegen hatten Angst vor der Hölle. Die Angst war allgegenwärtig. Es gab nichts als Angst, Angst, Angst. Aus der Angst kamen die Denunziationen. Aus der Angst entstanden die Geständnisse.

Luther war der typische Angstgequälte unter den Reformatoren. Als Kind war er erblaßt, wenn er den Namen Christus hörte. Angstvorstellungen vom Teufel, von Dämonen und Geistern und Gespenstern gehörten zu seiner geistigen Nahrung.

Wen wundert es, daß die beiden neuen Weltkonfessionen die Hexenjagd von der alten Kirche gefügig aufnahmen und in Mittel- und Nordeuropa die einen, in den Niederlanden, in den angelsächsischen Ländern und in Amerika die andern, praktizierten?!

(5)

Die Hexenverfolgung ist nicht mit Mythologie zu erörtern, zu erklären schon gar nicht. Und noch viel weniger mit Esoterik. Der mythologische Kern, der im Begriff „Hexe" und im pönalisierten angeblichen Tun der Hexe liegt, der hat sich in die Kunst, in die Dramatik und in die Oper abgesetzt. In der Geschichte der Hexenprozeße aber ist diese ehemalige Mythologie durch den religiösen Wahn und durch den Teufelsglauben im Spätmittelalter zur eingebildeten Wirklichkeit emporgeprügelt und -gefoltert worden. Phantasie wurde durch Folter zur schlimmen Realität. Das ist das Zentrum der historischen Tragödie. Es war eine religiöse, kirchliche, staatliche, gesellschaftliche, juristische Tragödie und Katastrophe.

(6)

Es tauchten, besonders in den letzten zwei Jahrzehnten, einige abstruse Einzeltheorien und monokausale Erklärungen der historischen Hexenverfolgung auf. Es gab Erklärungsmuster, die ließen sich so schön auf ein leicht transportierbares Schlagwort wie „weise Frauen" reduzieren. Deshalb war die Hexenverfolgung als „Vernichtung der weisen Frauen" in aller Munde. Man war damit auch im Trend des „weiblichen Zeitalters", der „starken Frauen" usw.

Halten wir deshalb zum Schluß zusammenfassend fest: Die Grundlagen der Hexenverfolgung sind geschichtliche, nämlich die Inquisition, die päpstliche Hexenbulle von 1484, der „Hexenhammer" von 1487 als Anleitung für die Prozesse. Es sind religiös-ideologische Grundlagen, nämlich der Teufelsglaube sowie die Verschmelzung von mythologischer Phantasie und religiösem Verfolgungswahn durch den Teufel; es ist die kirchliche Erhebung der phantastischen Vorstellungswelt zum real exististierenden Angriffskrieg des Satans mit seinen Hexern und Hexen auf das Christentum. Wichtig sind außerdem die Bedingungen, welche die Hexenjagd beförderten: die Zuspitzung auf die Frau als das biblisch und kirchlich verachtete Geschlecht mit der gesellschaftlich schwächsten Position. Ferner die spätmittelalterliche Rechtsprechung. Dann die jeweiligen Machtverhältnisse, wobei die Theologen und Ideologen ein gewichtiges Wort mitzureden hatten für oder gegen den personalisierten Teufelsglauben. Natürlich waren die praktizierte Volkskultur und Dorfkultur sowie Magie und Aberglauben Aspekte, die stark in alle Prozesse hineinwirkten. Und nicht zu vergessen die Alltagsrealität der Menschen: die Pest, die Epidemien, Unglücke, Unwetter, Mißernten, Hunger, Durst, Elend, wofür man Sündenböcke brauchte, wollte man nicht an Gottes Fürsorge und Gnade verzweifeln. Der Glaube, der Satan habe das alles mit Hilfe der Hexen und Hexer angerichtet, saß tief.